TIEMPO
de GUERRA

El conflicto
inevitable entre
la Iglesia de hoy
y la Iglesia
del mañana

Copyright © 2021 Martijn van Tilborgh

Publicado por AVAIL

Todos los derechos reservados. Ninguna parte de esta publicación puede ser reproducida, almacenada en sistemas de búsqueda o transmitida de ninguna manera ni por ningún medio –electrónico, mecánico, fotocopia, grabación u otro– excepto por citas breves en reseñas escritas, sin el consentimiento previo, por escrito, del autor.

Salvo indicación en contrario, el texto bíblico corresponde a la versión Reina-Valera © 1960 Sociedades Bíblicas en América Latina; © renovado 1988 Sociedades Bíblicas Unidas. Utilizado con permiso. Todos los derechos reservados.

El texto bíblico indicado con NVI corresponde a la Santa Biblia, NUEVA VERSIÓN INTERNACIONAL® NVI® ©1999, 2015 por Biblica, Inc.® Usado con permiso de Biblica, Inc.® Reservados todos los derechos en todo el mundo.

Por derechos internacionales, contactar al autor.

Diseño de portada: Joe De Leon
Foto de portada: Andrew van Tilborgh

Servicios de traducción y revisión por Prismatica Project
Traductor: David Sanz

ISBN: 978-1-954089-77-8   1 2 3 4 5 6 7 8 9 10

Impreso en los Estados Unidos de América

TIEMPO
de GUERRA

El conflicto
inevitable entre
la Iglesia de hoy
y la Iglesia
del mañana

MARTIJN
VAN TILBORGH

AVAIL

PRÓLOGO
DE SCOTT WILSON

"Tu sistema está perfectamente diseñado para obtener los resultados que estás obteniendo".

Recuerdo la primera vez que oí esta frase. Me golpeó de lleno: El cambio en la iglesia no ocurrirá simplemente porque estemos frustrados con la falta de resultados. El cambio llegará cuando estemos dispuestos, no sólo a hacer cambios menores en nuestro sistema religioso, sino también a reconstruirlos completamente a la luz de los resultados que deseamos obtener.

Esto es exactamente de lo que hablaba Jesús en Su conversación con los discípulos de Juan en Mateo 9:

> *Un día se le acercaron los discípulos de Juan y le preguntaron:—¿Cómo es que nosotros y los fariseos ayunamos, pero no así tus discípulos?*
>
> *Jesús les contestó:—¿Acaso pueden estar de luto los invitados del novio mientras él está con ellos? Llegará el día en que se les quitará el novio; entonces sí ayunarán. Nadie remienda un vestido viejo con un retazo de tela nueva, porque el remiendo fruncirá el vestido y la rotura se hará peor. Ni tampoco se echa vino nuevo en odres viejos. De hacerlo así, se reventarán los odres, se derramará el vino y los odres se arruinarán. Más bien, el vino nuevo se echa en odres nuevos, y así ambos se conservan (Mateo 9:14-17 NVI).*

Tres de los evangelios hablan del vino nuevo y los odres nuevos: Mateo 9, Marcos 2 y Lucas 5. Y todos se refieren a la misma pregunta de los discípulos de Juan: por qué ellos mismos y los discípulos de los fariseos ayunaban y los discípulos de Jesús no lo hacían. Ellos querían saber por qué Él no funcionaba o gobernaba del mismo modo que ellos lo hacían.

Jesús dice: "Es un nuevo día –una nueva temporada– porque Yo estoy aquí. La estructura de los fariseos es un odre viejo. La estructura de Juan el Bautista es un odre viejo. Lo que yo estoy haciendo es algo NUEVO y requiere un odre NUEVO".

Dios quiere hacer algo nuevo, traer un nuevo derramamiento de Su Espíritu, pero no lo hará hasta... ¿hasta cuándo? Hasta que haya un odre nuevo, una nueva manera de pensar, que sea capaz de recibirlo. Puedes orar por un derramamiento del Espíritu de Dios y por un avivamiento. Puedes cantar acerca del derramamiento del nuevo vino, pero Dios no vierte vino nuevo en odres viejos. ¿Por qué? Porque el vino nuevo ROMPERÍA el odre viejo y se desperdiciaría el vino nuevo.

Esto es, precisamente, de lo que Martijn habla en Tiempo de guerra. Está haciendo una proclama como profeta, y como Jesús mismo lo hizo, llamándonos a construir un odre nuevo en nuestra manera de pensar que se alinee con el derramamiento del nuevo vino que Dios tiene para nosotros. Un gran mover de Dios está por venir, pero no vendrá para aquellos que están estancados en las viejas formas del pensamiento y la estructura religiosa.

Yo no sé lo que todo esto signifique. No sé –y creo que nadie lo sabe– exactamente lo que este nuevo odre representa. Pero no es lo que actualmente la iglesia, en general, está haciendo. ¿Cómo lo sé? Porque no estamos teniendo los resultados deseados. Estamos perdiendo mucho terreno en los Estados Unidos –y en gran parte del mundo– y no es porque el evangelio haya perdido poder. Es porque seguimos trabajando a partir de un odre viejo.

PRÓLOGO vii

Te pregunto: ¿Estás contento con los resultados que estás obteniendo? ¿Estás batiendo los registros históricos de personas que son salvas en tu iglesia? ¿Estás impactando las distintas corrientes de la cultura y viendo Su reino venir y Su voluntad ser hecha en la tierra como en el cielo? Si no es el caso, ¿estás dispuesto a hacer lo que sea necesario para que eso ocurra?

Antes de responder apresuradamente con un SÍ, quiero que consideres las palabras de Jesús en Lucas 5:39 (NVI): "Y nadie que haya bebido vino añejo quiere el nuevo, porque dice: 'El añejo es mejor'". Es difícil para nosotros, como líderes de la iglesia, cambiar nuestra forma de pensar y las formas de nuestro ministerio, sobre todo cuando sentimos que estamos haciendo las cosas de la manera que Dios nos indicó que lo hiciéramos. Si no somos cuidadosos podemos caer en la misma trampa que los discípulos de Juan: no ver lo nuevo que Dios ESTÁ haciendo por estar tan enfocados en lo viejo que Dios ESTABA haciendo.

Este libro es un maravilloso llamado a despertar a todos los que formamos parte del liderazgo de la iglesia y del reino. Después de haberlo leído, clamé al Señor pidiéndole que me dé un corazón dócil y que reforme mi manera de pensar cuanto sea necesario para que pueda recibir lo que Él está haciendo. Si tú eres como yo, estarás frustrado con los resultados que estamos teniendo como iglesia. ¡Yo quiero más! Pero mayores y mejores resultados sólo pueden ocurrir si estamos dispuestos a cambiar la forma en la que hacemos las cosas. No te estoy diciendo que hagas algo nuevo sólo por la novedad en sí misma. Estoy diciendo: "Hagamos lo nuevo que Dios tiene para nosotros, en favor de Su reino".

Permíteme orar por ti antes de que comiences la lectura, o mejor aún si hicieras esta oración conmigo:

Padre, abre nuestros corazones y mentes para recibir lo que Tú tienes para nosotros. No queremos estar tan ocupados trabajando para Ti que nos perdamos lo nuevo que Tú estás haciendo en la tierra y en Tu iglesia. Conviértenos en la iglesia que Tú quieres que seamos para que podamos ver tu gracia y tu poder moverse en cada sector de la sociedad. Estamos dispuestos a hacer cualquier cosa que sea necesaria. Revélate a nosotros y danos Tu sabiduría. AMÉN.

Durante más de treinta años, SCOTT WILSON ha hecho de la Iglesia Oaks Church un ministerio local próspero en la zona Sur de Dallas, con un alto impacto global. Habiendo visto el valor de ofrecer una cobertura espiritual a muchos líderes de iglesia, Scott fundó The Father Initiative (La Iniciativa de Paternidad) para levantar padres y madres espirituales con la visión de que todo pastor debe tener padres espirituales. Además, fundó Ready Set Grow, un ministerio que ayuda a las iglesias a romper las barreras de crecimiento, donde comparte su propia experiencia y la de los referentes más destacados en la materia. Scott ha escrito muchos libros y es un reconocido orador en materia de crecimiento y liderazgo personal, espiritual y organizacional. Él y su esposa, Jenni, han estado casados desde el año 1990 y tienen tres hijos y dos nueras.

ÍNDICE

Introducción... 13
PARTE 1: **EN LA ENCRUCIJADA:**
    cómo hemos llegado a este momento decisorio 17
CAPÍTULO 1: **EL CONFLICTO INEVITABLE:**
    ¿Por qué el cambio tiene que ocurrir?................ 19
CAPÍTULO 2: **VIENDO CON CLARIDAD:**
    obteniendo una verdadera perspecitiva........... 29
CAPÍTULO 3: **JUECES, SACERDOTES, PROFETAS
    Y REYES:** la evolución del liderazgo divino........39
PARTE 2: **UN NUEVO HORIZONTE:**
    viendo lo que debe cambiar.................................... 53
CAPÍTULO 4: **UN TERREMOTO DE FE:**
    cuando todo cambia............................... 55
CAPÍTULO 5: **CONFORMÁNDOSE CON SAÚL:**
    cuando un deseo divino es distorsionado 69
CAPÍTULO 6: **NO MÁS MEJORES SEGUNDOS:**
    creadores, no copias................................79
CAPÍTULO 7: **EL DICCIONARIO DEL REINO DE DIOS:**
    aprendiendo a hablar su idioma................... 89
CAPÍTULO 8: **UN NUEVO TIPO DE REINO:**
    una familia, no una institución....................103
PARTE 3: **UN NUEVO PARADIGMA:**
    haciendo la transición 117
CAPÍTULO 9: **LA LLAVE PARA EL CRECIMIENTO
    DEL REINO:** derribando muros................. 119
CAPÍTULO 10: **UN NUEVO HORIZONTE:**
    viendo a la iglesia de otra manera................. 131
CAPÍTULO 11: **SACRIFICIO SOBRE EXCELENCIA:**
    el corazón del cambio.............................141
CAPÍTULO 12: **ENTRENANDO PARA REINAR:**
    el árduo camino hacia el reinado..................153

INTRODUCCIÓN

EL FUTURO TIENE UN PRECIO

Hubo larga guerra entre la casa de Saúl y la casa de David; pero David se iba fortaleciendo, y la casa de Saúl se iba debilitando (2 Samuel 3:1).

Seguramente hayas escuchado la frase que dice que, si sigues haciendo lo que siempre has hecho, seguirás obteniendo los resultados que siempre has obtenido. Eso es bastante deprimente para cualquiera que crea que Dios quiere más para nosotros. Sin embargo, es incluso peor porque verás que si sigues haciendo lo que siempre has hecho, después de un cierto tiempo, tendrás que hacer más de eso mismo que has estado haciendo para obtener los resultados que siempre has obtenido.

Hacer "lo correcto" en la temporada incorrecta es contraproducente. Muchas veces, seguir haciendo aquello que nos trajo éxito en el pasado acabará empujándonos en una espiral descendente de resultados. Es la ley de los rendimientos decrecientes: tienes que pedalear más fuerte para mantener la velocidad.

Por lo tanto, seguir haciendo lo que siempre hemos hecho no sólo nos impedirá alcanzar el futuro mayor que Dios tiene en mente, sino que, con el tiempo, tampoco nos permitirá mantener los resultados que estamos obteniendo en el presente.

Para que la iglesia sea todo lo que Dios desea que sea, tendremos que abrazar algo llamado "cambio". No estoy hablando del tipo de cambios que no afectan el panorama general –como cambiar el color de las paredes de tu sala de estar o mover el mobiliario de tu oficina para cambiar la estética–.

Seguramente, alguna renovación como ésta puede contribuir a una experiencia más agradable y hasta puede crear una nueva sensación de productividad durante un tiempo, pero no hará una diferencia en el largo plazo. El tipo de cambio del que estoy hablando y el tipo de cambio que creo que es necesario para ver la realización de lo que está en el corazón de Dios, será disruptivo, en todo sentido, respecto de la forma en que siempre hemos hecho las cosas.

Requerirá una forma de pensar completamente nueva. Nos forzará a abandonar los estilos de liderazgo del pasado, a rechazar las "mejores prácticas" del pasado y a cambiar nuestro entendimiento de lo que significa ser un líder efectivo.

Sólo llegaremos a nuestro mejor futuro a partir de la innovación, no por medio de la repetición.

TIEMPO DE ESCOGER

Ahora bien, no estoy diciendo que rechacemos todo lo que ha sido hecho antes. Como líderes de la iglesia, es nuestra responsabilidad honrar el pasado y reconocer, en la historia, momentos determinantes y principios duraderos que nos han traído a donde nos encontramos hoy. Al mismo tiempo, algo que debemos tener presente acerca de los triunfos del pasado es, precisamente, que... se encuentran en el pasado.

INTRODUCCIÓN: EL FUTURO TIENE UN PRECIO

Hemos sido llamados a introducir algo nuevo en nuestra generación, algo que nunca ha sido hecho. Lo viejo tiende a condicionar nuestras mentes y a impedir que veamos lo nuevo que Dios quiere hacer. Las viejas formas, muchas veces han sido buenas. Produjeron resultados. Entonces, ¿por qué dejarlas para perseguir algo distinto, algo incierto y que no ha sido comprobado?

Porque lo viejo es nuestro mayor obstáculo. Considera lo que Dios mismo dice a través de Su profeta en Isaías 43:18-19 (NVI): "Olviden las cosas de antaño; ya no vivan en el pasado. ¡Voy a hacer algo nuevo! Ya está sucediendo, ¿no se dan cuenta? Estoy abriendo un camino en el desierto, y ríos en lugares desolados". Él quiere que veamos hacia arriba y hacia adelante hacia lo que viene, no hacia abajo y hacia atrás a lo que pasó.

Según el hombre más sabio que haya existido, hay un tiempo para cada cosa, incluido el conflicto. En Eclesiastés 3:8, Salomón escribió que hay "un tiempo de guerra, y un tiempo de paz". Algunas traducciones lo traducen como "un tiempo para la guerra", pero eso toma un significado bastante distinto. Un tiempo *para* la guerra sugiere que ese tiempo, en particular, es para que iniciemos o declaremos la guerra, y puede que esto sea cierto en algún momento. Pero un tiempo *de* guerra implica que no depende de nosotros que ocurra, o no, la guerra. Nuestra única decisión es lo que haremos cuando la guerra, inevitablemente, se desate.

Yo creo que, como iglesia, nos encontramos en esa situación. Estamos en un tiempo de conflicto: una guerra inevitable entre lo viejo y lo nuevo; entre lo bueno y lo mejor; entre la iglesia de hoy y la del mañana.

La única pregunta es: ¿de qué lado estás?

¡Yo he escogido "el mañana"! ¿Estás conmigo?

No será fácil. El futuro tiene un precio. Puede que las probabilidades estén en contra nuestra. Sin embargo, es un conflicto que vale la pena porque la victoria nos llevará más profundo y nos acercará al desenvolvimiento del plan de Dios para la creación: ver Su reino manifiesto en la tierra como lo es en el cielo.

PARTE 1

EN LA ENCRUCIJADA: CÓMO HEMOS LLEGADO A ESTE MOMENTO DECISORIO

CAPÍTULO UNO

EL CONFLICTO INEVITABLE: ¿POR QUÉ EL CAMBIO TIENE QUE OCURRIR?

No somos los primeros en encontrarnos en "un tiempo de guerra". Piensa cuando David regresó a su casa después de guiar al ejército de Saúl a la victoria sobre su enemigo.

En 1 Samuel 18:6-7 leemos:

> *Aconteció que cuando volvían ellos, cuando David volvió de matar al filisteo, salieron las mujeres de todas las ciudades de Israel cantando y danzando, para recibir al rey Saúl, con panderos, con cánticos de alegría y con instrumentos de música. Y cantaban las mujeres que danzaban, y decían: Saúl hirió a sus miles, y David a sus diez miles.*

Fue en ese momento que algo ocurrió. Algo que no podía ser revertido. Enojado por la atención recibida por David, "desde aquel día Saúl no miró con buenos ojos a David" (v.9).

La canción de las mujeres fue el catalizador del conflicto. Una guerra que duraría mucho tiempo, pero que, eventualmente, sería ganada por David.

Si prestas mucha atención, casi podrás escuchar el mismo sonido hoy. Es una canción. Una canción de celebración. Un cántico de victoria. Una melodía que declara el futuro a medida que deja atrás el pasado, alejándonos de lo que alguna vez fue, pero ya no puede ser. Una vez que escuchas esa canción, ya no puedes revertirlo. De hecho, la comienzas a escuchar cada vez más alto y se volverá más y más fuerte en nuestros oídos, en su búsqueda de manifestar el futuro en nuestro presente.

Como líderes, debemos reconocer el sonido de esta canción, discernir proféticamente los tiempos en que vivimos, y abrazar los cambios que el futuro nos exige.

El sonido es el de Saúl y David en el vigésimo primer siglo. Son figuras proféticas de la iglesia. Representan mentalidades, estilos de liderazgo y modelos que proveen una mirada reveladora del estado de la iglesia. La iglesia de hoy, así como la iglesia que podría ser y que debe ser en el mañana.

David representa el futuro que Dios tiene en mente para Su pueblo. El destino profético declarado sobre la vida de David caracteriza lo mismo que estamos viviendo en la iglesia en la actualidad.

David estaba destinado no a perpetuar el reino que había sido construido por Saúl, sino a lograr algo que nunca había sido logrado. De hecho, la visión que ardía en el corazón de David, finalmente, acabaría borrando todo lo que Saúl había construido en sus más de cuarenta años de reinado.

Yo creo que la iglesia, en la actualidad, se encuentra en una situación similar. Estamos en un lugar que nunca hemos cuestionado porque siempre hemos estado en esta misma situación. Crecimos aquí. Nos ha definido. Es parte de nosotros y nosotros somos parte de ella.

Sin embargo, tal vez te sientas incómodo con la situación. Tal vez estés insatisfecho con el lugar donde nos encontramos como iglesia. No logras identificar claramente cuál es el problema, pero allí está. Es una sensación de incomodidad, de que debe haber algo más. Algo mejor. Algo más grande que Dios tenga preparado para Su pueblo. Algo mayor y más enriquecedor.

Si sientes que esto te describe a ti, quiero que sepas que no estás solo. Dios ha despertado a una generación destinada a una grandeza más allá de lo que has visto o experimentado. Un pueblo que no se conformará con algo menos que óptimo. Un pueblo que, a pesar de las circunstancias desfavorables, escogerá creer a Dios y empujará hacia adelante hacia lo que puede quedar registrado en la historia como uno de los cismas más profundos que se hayan visto en la iglesia.

DOS CASAS, DOS ERAS

La respuesta de Saúl al éxito de David plantea dos preguntas importantes:

- ¿Qué era lo que enojaba tanto a Saúl de David?
- ¿Por qué Saúl se mostraba tan disgustado con lo que Dios tenía en mente para el futuro de Su pueblo?
- ¿Por qué se resistió a un cambio que claramente había nacido en el corazón de Dios mismo?

Exploraremos las respuestas a estas preguntas al diseccionar la anatomía de la batalla entre dos eras. Identificaremos las áreas de conflicto entre la casa de Saúl y la casa de David, el presente y el futuro. Estudiaremos lo que ha diferenciado a Saúl de David y qué fue lo que causó la incompatibilidad entre dos hombres y los reinos que establecieron cada uno de ellos.

Descubrirás por qué Saúl y David nunca hubieran podido coexistir a largo plazo. Entenderás por qué esta "pelea a muerte" acabó con David como el último hombre en pie.

Ahora bien, David y Saúl son arquetipos de la iglesia de hoy; debemos recordar que no estamos luchando contra carne y sangre, cómo Efesios 6:12 nos recuerda. No estoy sugiriendo que utilices la metáfora de Saúl y David para señalar con el dedo a gente en tu vida con la cual puedas estar, o no, de acuerdo.

Saúl y David simplemente representan el conflicto acerca del alineamiento profético con el paradigma del reino que necesita ser descubierto para un tiempo como el actual.

No hay nada nuevo bajo el sol. La batalla entre lo nuevo y lo viejo es tan vieja como las Escrituras. Esdras 3 nos cuenta cómo el pueblo de Israel fue autorizado a volver del exilio para reconstruir el templo en Jerusalén. Cuando se reunieron para celebrar hubo reacciones encontradas:

> *Y muchos de los sacerdotes, de los levitas y de los jefes de casas paternas, ancianos que habían visto la casa primera, viendo echar los cimientos de esta casa, lloraban en alta voz, mientras muchos otros daban grandes gritos de alegría (Esdras 3:12).*

Jesús habló acerca de este tipo de división cuando le preguntaron por qué los discípulos de Juan el Bautista ayunaban y Él no. Él contestó:

> *Y nadie echa vino nuevo en odres viejos; de otra manera, el vino nuevo rompe los odres, y el vino se derrama, y los odres se pierden; pero el vino nuevo en odres nuevos se ha de echar (Marcos 2:22).*

De hecho, la Palabra de Dios está llena de ejemplos de conflicto y tensión entre lo nuevo y lo viejo. Como mencioné en la introducción, el profeta Isaías pronunció el prerrequisito necesario para ver el advenimiento de lo nuevo: "No os acordéis de las cosas pasadas, ni traigáis a memoria las cosas antiguas" (Isaías 43:18).

Nosotros también debemos olvidar las "cosas pasadas" para poder experimentar lo nuevo que Dios está por hacer en nuestra vida.

UNA PERSPECTIVA MÁS CLARA

Antes de profundizar en el simbolismo profético de la historia de Saúl y David, debemos tomarnos el tiempo de considerar por qué el cambio y la disrupción del estado actual de la iglesia son tan importantes. ¿Por qué es necesario el conflicto? ¿Por qué no seguimos, simplemente, con las formas antiguas? Las cosas parecen estar yendo bien, así que, ¿qué necesidad hay de sacudir la barca?

Lo explicaré. Como líderes nos han dicho que tenemos que removernos de los detalles y las minucias y posicionarnos a una buena distancia para ganar perspectiva y ver el mundo que nos rodea. La idea es que volar más bajo no te permite tener la mirada del ave que necesitas para ver las cosas claramente.

A mí me gustaría proponer algo distinto. No estoy sugiriendo que pierdas altitud. De hecho, quisiera que pienses que no estás volando lo suficientemente alto.

Verás, mientras más alto vueles, más lejos podrás ver a tu alrededor y mayor será el contexto que tengas. Seguramente perderás de vista algunos detalles, pero el entendimiento del panorama general que obtendrás supera la pérdida de detalles que experimentarás.

Yo creo que Dios nos está llamando a ir aún más alto como líderes para poder ver cosas que no podíamos ver antes, para adquirir el contexto crucial para entender cómo debemos posicionarnos en nuestra generación.

En Isaías 46:9-10 (NVI) Dios ofrece una visión de cómo tener la perspectiva amplia que necesitamos para liderar efectivamente:

Yo soy Dios, y no hay ningún otro, yo soy Dios, y no hay nadie igual a mí. Yo anuncio el fin desde el principio; desde los tiempos antiguos, lo que está por venir. Yo digo: Mi propósito se cumplirá, y haré todo lo que deseo.

Como líderes de la iglesia, tendemos a creer que, como generación, somos el centro del universo y que, tanto el pasado como el futuro, giran a nuestro alrededor.

Esto está muy alejado de la realidad. Cuando Dios anunció "el fin desde el principio" y "lo que está por venir", no estaba pensando sólo en nosotros.

Dios no se limita a un segmento aislado de tiempo como puede ser una generación. Más bien, mira la historia de la humanidad como un todo. Desde su perspectiva, nuestra generación es simplemente un eslabón en una cadena de eventos que lleva a la creación hacia su *fin*.

Hay cosas que todavía "están por venir" que cada generación debe ejecutar. Es el propósito de cada generación manifestar nuevas cosas que nos acercarán al fin. Es nuestra responsabilidad, como líderes, reconocer qué son esas cosas y liderar a nuestra generación para que las manifestemos en el contexto de quiénes somos en la historia. La palabra que fue soltada desde el principio impulsa permanentemente a la creación hacia adelante como una fuerza invisible, hacia las cosas nuevas que todavía no han ocurrido. La palabra hablada por Dios impulsa a la creación hacia lo nuevo.

No podemos evitarlo. Como líderes, debemos rendirnos ante esta realidad. Lo que dejemos atrás cuando nos vayamos de esta tierra tiene que ser distinto de lo que hemos heredado.

La única manera forma de ver quiénes se supone que seamos, es volar más alto; no ver sólo lo que podemos lograr a lo largo de nuestras vidas si no también entender qué lugar ocupamos en la historia y los roles que debemos desempeñar en la manifestación de las cosas que fueron declaradas desde el principio.

Volar más alto, indudablemente, nos proporcionará una visión que nos revelará la necesidad de innovar y reformar en el tiempo de nuestras vidas, y evitar la postura de sólo mantener y reforzar el status quo. Nuestra única oportunidad es innovar e iniciar una reforma que nos impulse hacia adelante.

Cuando comprendas que la innovación es la única opción, comenzarás a ver cómo ese concepto se repite en la Biblia una y otra vez.

Analicemos la palabra "innovar" que hace referencia a dos cosas:

- una nueva idea o método;
- la introducción de una novedad.

El hecho de que hayamos recibido un mundo donde las generaciones anteriores ya han implementado innovaciones, no significa que nosotros estemos exentos de nuestra responsabilidad de lograr avances en nuestra propia generación.

La mayoría de los líderes están de acuerdo con este concepto. Sin embargo, no es sencillo lograr verdaderas innovaciones. Muchas veces creemos que innovamos al implementar algunas adaptaciones a circunstancias nuevas u optimizaciones que ocurren dentro del paradigma establecido. La adaptación y la optimización pueden ofrecer la ilusión de progreso, pero debemos entender la diferencia con la innovación para poder ser efectivos como líderes.

Antes de desarrollar detenidamente lo que significa, comencemos por aclarar lo que no es innovación.

INNOVACIÓN NO ES ADAPTACIÓN

Cuando las circunstancias cambian, nos vemos obligados a hacer las cosas de otra manera, no por decisión propia sino porque no podemos seguir haciendo lo que solíamos hacer a causa de los cambios en el entorno. Lo que hacemos es simplemente cambiar aquello con lo cual estamos familiarizados para sobrevivir en el nuevo entorno.

Básicamente, hacemos lo mismo que antes, pero con algunos cambios menores.

Hemos visto cómo muchas iglesias se han adaptado durante la pandemia del coronavirus. Siguieron haciendo lo que venían haciendo, pero en formato online: el mismo equipo de alabanza, la misma prédica, el mismo recinto, sólo que sin gente en las gradas.

Es cierto que muchas veces debemos adaptarnos a las circunstancias. Es importante tener la agilidad necesaria para hacerlo si queremos sobrevivir. Sin embargo, eso tiene que ver con hacer frente a la inmediatez y no con crear el futuro.

No estoy menospreciando el esfuerzo que requirió que las iglesias pasaran a un formato digital a causa del COVID-19, pero ese tipo de adaptación no mueve significativamente la aguja de la historia. Dentro de cien años, nadie estará diciendo qué maravilloso fue ese tiempo en que predicamos los mismos sermones por internet y con los auditorios vacíos.

En el cuadro general de la historia, a nadie le va a importar esa adaptación. Será recordada como una versión inferior de lo mismo que se venía haciendo antes.

INNOVACIÓN NO ES OPTIMIZACIÓN

Mientras que la adaptación nos mueve en sentido horizontal a un contexto diferente, la optimización nos impulsa a un nuevo nivel de excelencia dentro del contexto existente. Tiene que ver con una mejora en la situación actual.

En otras palabras, la optimización ocurre dentro de un contexto existente. Si bien la optimización requiere la implementación de algunos cambios, estos no son de la magnitud necesaria para innovar. La optimización implica un cambio vertical. Tiene que ver con mejoras marginales dentro de una estructura existente: mejor comunicación, mejores sistemas, mejor programación, mejores recursos, mejor infraestructura, etc.

La optimización no es mala, ¡hasta que lo es! Es fantástico luchar por alcanzar la excelencia, a menos que la excelencia te esté impidiendo avanzar.

Hubo una razón por la cual Dios instruyó a Moisés que construyera un tabernáculo y no un templo, cuando se encontraban en el desierto. Por supuesto que un templo podría haber sido más lindo que una carpa, pero hubiera impedido que el pueblo de Dios avance.

Cuando permaneces demasiado tiempo en una estación creada por Dios, acabas esclavizado. La optimización es la habilidad de hacer precisamente eso. El pueblo de Dios fue enviado a Egipto por una instrucción divina para sobrevivir a una hambruna. Fue una verdadera bendición. Sin embargo, cuando se establecieron en este lugar que Dios les había dado, "optimizaron" su estilo de vida y, lentamente, Egipto se fue convirtiendo en el lugar de su confinamiento, que les impidió avanzar.

LA INNOVACIÓN NO ES ALGO CASUAL

Lo nuevo no llega de casualidad a nuestra puerta, envuelto como regalo. Debe ser algo buscado, trabajado. Requiere valentía y un verdadero liderazgo. El progreso ocurre cuando arriesgamos todo para hacer algo que nunca ha sido hecho. ¡Algo nuevo!

Para adquirir el tipo de visión que trae verdadera innovación debemos volar alto; suficientemente alto como para ver aquello que *aún no ha sido hecho*, para hacer que ocurra en nuestra generación.

La innovación ocurre en el límite con el caos. Ocurre donde se acaba el territorio conocido y comienza el territorio no desarrollado –el caos–.

Ocurre donde el caos es transformado en nuevas oportunidades que harán avanzar el reino hacia lugares que antes no podía alcanzar.

Recuerda que la definición de innovación es la "introducción de algo nuevo". Inevitablemente trastornará el status quo. Sólo puede manifestarse a partir de la reforma de lo viejo, pero no acaba allí. Si no tenemos cuidado, podemos permitir que la nueva tierra que hemos cultivado se convierta en el status quo del mañana y potencialmente impida que la próxima generación innove. Debemos seguir mirando hacia adelante y avanzando.

Desafiemos el límite del caos en nuestro tiempo y manifestemos algo nuevo que quede registrado en la historia como algo notable.

¡La innovación es nuestra única opción!

CAPÍTULO DOS

VIENDO CON CLARIDAD: OBTENIENDO UNA VERDADERA PERSPECITIVA

M uchas de las "verdades" a las cuales nos aferramos dependen significativamente de nuestro punto de vista.

Estas sabias palabras fueron dichas por el legendario maestro Jedi de *Star Wars*, Obi-Wan Kenobi. Es importante reflexionar en esto porque, como líderes, guiamos a otros a través de los lentes de lo que percibimos como realidad. Nuestra percepción es nuestra realidad y lideramos a nuestras organizaciones y ministerios basados en ella.

El desafío es que, si bien la "percepción es la realidad", no siempre la percepción refleja la verdad. De hecho, puede que refleje el contexto de un determinado momento en una ventana de tiempo relativamente pequeña.

El experto en liderazgo Stephen Covey lo puso así: "Cada uno de nosotros tiende a creer que ve las cosas como son; que somos objetivos.

Pero no es cierto. Vemos el mundo según cómo somos nosotros, o cómo estamos condicionados a verlo".

Ninguno de nosotros está exento de esta tendencia. Todos vemos el mundo según los condicionamientos que nos imponen nuestra cultura, historia, crianza, experiencias, los medios de comunicación y las opiniones de la gente. Nuestras realidades pueden verse fácilmente sesgadas y desviarse de la verdad.

En consecuencia, nuestra capacidad de liderazgo está limitada a las áreas en las cuales nuestra percepción y la verdad coinciden. Teniendo esto en mente, debemos abrirnos a las realidades alternativas para que nuestra percepción del mundo que nos rodea se alinee con la "verdad" y podamos liderar con mayor efectividad.

Mucha gente se mostraría de acuerdo con esta idea, por lo menos en principio. Sin embargo, mi experiencia me indica que hacerlo es mucho más difícil de lo que parece. ¿Por qué? Permíteme ilustrarlo haciendo referencia a otra historia de la Biblia.

En Números 14:33 leemos una historia que nos revela cómo la percepción nos puede impedir alcanzar las promesas de Dios para nuestras vidas y nuestra generación. Dios le dijo a Moisés que diga al pueblo: "vuestros hijos andarán pastoreando en el desierto cuarenta años...".

El contexto del versículo es el siguiente. Luego de una larga travesía, el pueblo de Dios había llegado al río Jordán. Dios los había librado de la esclavitud en Egipto de una manera poderosa; mediante una guía sobrenatural e intervenciones milagrosas habían llegado al límite de lo que era la Tierra Prometida.

Antes de cruzar el Jordán, doce espías fueron enviados a explorar la tierra que Dios les había prometido. Todos sabemos lo que ocurrió después: de los doce, diez volvieron con un "mal reporte" diciendo que si cruzaban el río morirían porque sus enemigos parecían ser mucho más fuertes que ellos mismos.

Los otros dos espías, Josué y Caleb, decidieron creer en la promesa de Dios. Animaron al pueblo a tomar la tierra a pesar de la fortaleza de los enemigos que tendrían que conquistar.

La gente escogió creer al "mal reporte" y, en consecuencia, Dios decidió que permanecieran en el desierto durante cuarenta años, en los cuales, la generación de quienes eran mayores de 20 años al momento de recibir el reporte de los espías moriría en el desierto.

El pasaje en Números 14:33 hace referencia a la generación joven que acabó "pastoreando en el desierto durante cuarenta años".

Reflexiona en eso por un momento. Sí, esa generación acabaría sobreviviendo esos años, pero para lograrlo tuvieron que convertirse en algo que no era aquello para lo cual estaban destinados: pastores en el desierto. Por circunstancias, no por elección, toda una generación joven fue forzada a convertirse en algo que nunca debieron ser.

No fue una "estación" o un pequeño tiempo fuera, un pequeño desvío. Estamos hablando de cuatro décadas que acabaron marcando y definiendo su existencia.

Todo lo que hicieron en ese período de tiempo fue el resultado de algo sobre lo cual ellos no habían tenido injerencia. La forma en la que actuaron, la forma en que pensaron, y su conducta se vio condicionada por las decisiones que tomó la generación anterior.

En lugar de ser terratenientes en la tierra de la promesa, que es lo que se suponía que ocurriera, acabaron siendo pastores en el desierto. No tuvieron opción. Era la única posibilidad que tenían de sobrevivir la situación que enfrentaron.

Permíteme hacerte una pregunta: ¿Qué crees que ocurre cuando eres forzado, como los Israelitas, a convertirte, por un largo período de tiempo, en algo que nunca debiste haber sido? Simplemente comienzas a creer que la vida que estás viviendo es la que Dios tiene para ti cuando, en realidad, hay todo un mundo esperando por ti del otro lado del Jordán. Estás condicionado a aceptar la realidad de que ser un pastor en el desierto es, de hecho, el "llamado" y el "destino" que Dios tiene para ti.

Es comprensible; no tienes otro panorama porque todo tu ser ha sido condicionado para que seas algo que nunca debiste haber sido, a punto tal que comienzas a creer que la vida que vives es lo "normal".

Si esto ocurrió con el pueblo de Dios en ese tiempo, también puede estar ocurriendo con nosotros en la actualidad.

¿Será que, como iglesia, nos hemos convertido en "pastores en el desierto" porque hemos heredado un contexto que Dios nunca pretendió para nosotros?

¿Será que actuamos y lideramos como pastores en un lugar de escasez? Hablamos como pastores, pensamos como pastores y hasta entrenamos a otros para que sean pastores. Nuestro objetivo principal es llegar a ser los mejores pastores que podemos ser.

Todo esto cuando, en realidad, ninguno de nosotros se suponía que fuese pastor. Y al hacer todo esto, lo que hacemos es reforzar nuestra posición en el desierto.

Aparentemente, es posible que, como pueblo de Dios, vivamos durante mucho tiempo bajo un paradigma de liderazgo que es contrario a lo que Dios tiene en mente para nosotros.

Si este fuera el caso, necesitamos "des-pastorearnos" y reprogramar nuestra forma de pensar para alinearnos con la promesa que está del otro lado del Jordán. Esto nos trae nuevamente al conflicto entre Saúl y David.

EL TIPO DE REY EQUIVOCADO

Aunque fue ungido por Samuel para ser rey, Saúl nunca fue el rey que Dios quería –un rey conforme a Su corazón– como sí lo sería David, años más tarde.

El reinado de Saúl fue el resultado del deseo carnal de los israelitas de tener un rey como lo tenían las naciones a su alrededor. 1 Samuel 8:4-5 describe la situación:

> *Entonces todos los ancianos de Israel se juntaron, y vinieron a Ramá para ver a Samuel, y le dijeron: He aquí tú has envejecido, y tus hijos no andan en tus caminos; por tanto, constitúyenos ahora un rey que nos juzgue, como tienen todas las naciones.*

En otras palabras, el pueblo de Dios exigía una estructura de liderazgo que respondía a la forma en que el mundo funcionaba. Dios no quería eso y lo rechazó. Sin embargo, el pueblo de Israel insistía en que esa era la forma en que querían estar organizados, a pesar de todos los "daños colaterales" de los cuales Samuel les advirtió:

> *Pero no agradó a Samuel esta palabra que dijeron: Danos un rey que nos juzgue. Y Samuel oró a Jehová. Y dijo Jehová a Samuel: Oye la voz del pueblo en todo lo que te digan; porque no te han desechado a ti, sino a mí me han desechado, para que no reine sobre ellos. Conforme a todas las obras que han hecho desde el día que los saqué de Egipto hasta hoy, dejándome a mí y sirviendo a dioses ajenos, así hacen también contigo. Ahora, pues, oye su voz; mas protesta solemnemente contra ellos, y muéstrales cómo les tratará el rey que reinará sobre ellos (1 Samuel 8:6-9).*

En consecuencia, Saúl fue ungido como rey y, según Hechos 13:21, permaneció en el trono durante... cuarenta años. Aquí aplica nuevamente el principio de los "pastores en el desierto": una generación creció bajo Saúl, siendo que nunca fue esa la primera elección de Dios.

Saúl fue el resultado de una elección de los hombres que Dios acabó tolerando, pero no fue una iniciativa de parte de Dios. Él no fue una elección de Dios; sino la elección de la gente –esto es un ejemplo de lo que se llama "libre albedrío" que, de tanto en tanto, nos mete en problemas–. A veces las malas elecciones tienen consecuencias menores. Pero en este caso, la mala elección resultó en un liderazgo de cuarenta años que respondía a un modelo creado por los hombres.

Imagina el impacto de crecer en un ambiente bajo ese tipo de liderazgo. De nuevo ocurre lo mismo, comienzas a abrazar la cultura que se ha creado. De hecho, como no conoces otra cosa, hasta comienzas a trabajar para perpetuar algo que Dios mismo había rechazado.

Si Saúl es el único rey que has conocido, ¿qué punto de referencia tienes para siquiera desear algo mejor? El reinado de Saúl es aceptado como algo normal porque siempre ha sido así. Desde que tenemos memoria, todos han abrazado el reinado de Saúl, aceptando su liderazgo como el estándar.

ALGUIEN Y ALGO MEJOR

Cuando veo la iglesia en la actualidad, considero que hemos respondido bastante bien, dadas las circunstancias. Sin embargo, he llegado a entender que mucho de lo que vemos hoy y mucho de lo que hemos logrado, ha sido "bajo Saúl". Muchas de nuestras victorias y logros son resultado de iniciativas modeladas por las formas de este mundo, como en el tiempo de Saúl.

Muchas iglesias miran a la cultura que les rodea para inspirarse acerca de cómo hacer las cosas, antes que buscar el plan único de Dios. Así tenemos versiones "cristianas" de lo que funciona en el mundo, desde películas y música, hasta las organizaciones y forma de trabajo.

Así como mucho de lo que fue establecido en el reinado "bajo Saúl", tal vez mucho de lo que hemos construido y creado ha nacido de una mentalidad que nunca fue la que Dios pretendía. Pero si Saúl siempre ha sido tu padre, simplemente no conoces otra opción. Si el reino de Saúl es el único que has experimentado en toda tu vida, ¿cómo sabes que puedes pretender algo mejor?

Uno podría argumentar que la vida bajo Saúl no era tan mala. Después de todo, fue capaz de derrotar enemigos que nadie había derrotado antes de su tiempo como rey. Aportó una fortaleza que Israel nunca antes había tenido. Ni siquiera Samuel, ni Elí, ni ninguno de los jueces habían ejercido liderazgos que se compararan al de Saúl. Habiendo derrotado miles de enemigos, Saúl había subido el nivel como primer rey de Israel.

Sin embargo, algo faltaba. Él no era el hombre conforme al corazón de Dios que Dios tenía en mente para Su pueblo. Así que mucho de lo que Saúl construyó estaba desalineado de lo que Dios pretendía.

En consecuencia, Dios rechazó a Saúl y escogió a alguien que pudiera reflejar Su corazón para Su pueblo. Es por eso que, durante el reinado de Saúl, los profetas comenzaron a hablar acerca de "alguien mejor" que él, porque su reinado había sido rechazado por Dios.

Entonces Samuel le dijo: Jehová ha rasgado hoy de ti el reino de Israel, y lo ha dado a un prójimo tuyo mejor que tú (1 Samuel 15:27).

Poco tiempo después, en secreto, Samuel ungió a David como futuro rey de Israel. Aunque el público no lo sabía, un nuevo rey había sido ungido por Dios para ser el próximo rey de Israel. Un rey que, no sólo sería el líder de su generación, sino que sería capaz de establecer una dinastía de reyes que continuaría de generación en generación.

El cántico de victoria que se oyó cuando David volvía de pelear con los filisteos se convirtió en una declaración de guerra de Saúl contra su nuevo rival. Fue en ese momento que Saúl comprendió el destino profético que había sobre el comandante de su ejército. David se acababa de convertir, oficialmente, en una amenaza para su reinado.

David no estaba destinado a perpetuar el reinado que había sido construido bajo Saúl sino a establecer algo que nunca antes se había hecho. De hecho, la visión que ardía en el corazón de David acabaría borrando todo lo que Saúl había construido a lo largo de sus cuarenta años como rey.

Este era un punto de no retorno. David sabía cuál era su destino. Saúl también entendió lo que estaba ocurriendo. Y para peor, hasta la gente comenzó a reconocer y a desear una vida más allá de Saúl, y hasta se atrevieron a cantarlo.

LA DECISIÓN DE JONATÁN

Como lo mencioné anteriormente, David y Saúl no representan a personas en nuestras vidas hoy. Son arquetipos. Ninguno de nosotros es David o Saúl; de hecho, todos somos Jonatán, el hijo de Saúl. Todos hemos nacido "bajo Saúl" y crecido bajo su liderazgo.

Fuimos criados en un lugar que fue construido por Saúl, algo que nunca hemos cuestionado porque siempre fue así. Yo sé que es así en mi caso: yo crecí en esta realidad. Me definió. Se hizo parte de mí. Yo también me volví parte de esa realidad. De hecho, en parte, hasta ayudé a crearla.

Pero ahora, así como Jonatán, tenemos que tomar una decisión.

Como hijo natural de Saúl, habiendo crecido en el palacio, Jonatán estaba condicionado a pensar y actuar como un heredero, y a seguir los pasos de su padre. Debía comportarse como el sucesor para continuar la obra que su padre había comenzado.

Sin embargo, al encontrarse con David, Jonatán entendió que no era la idea de Dios perpetuar el reinado de Saúl, y que tampoco era lo mejor para el pueblo. Incluso reconoció que el futuro de Israel era con David como rey y se alineó con él:

> Entonces se levantó Jonatán hijo de Saúl y vino a David a Hores, y fortaleció su mano en Dios. Y le dijo: No temas, pues no te hallará la mano de Saúl mi padre, y tú reinarás sobre Israel, y yo seré segundo después de ti; y aun Saúl mi padre así lo sabe. Y ambos hicieron pacto delante de Jehová; y David se quedó en Hores, y Jonatán se volvió a su casa (1 Samuel 23:16-18).

Al igual que Jonatán, nosotros estamos atrapados entre dos opciones que nos exigen lealtad. ¿Permaneceremos leales a lo establecido −al entorno en el que hemos crecido−, o haremos pacto con lo que Dios ha declarado que será el futuro? A medida que pase el tiempo, mayor será la presión para que decidas hacia qué lado irás.

Aunque Jonatán había entendido el destino profético de David y le había declarado su lealtad, lo trágico es que murió en batalla sirviendo a su padre Saúl. 1 Samuel 31:1-6 narra la historia:

> Los filisteos, pues, pelearon contra Israel, y los de Israel huyeron delante de los filisteos, y cayeron muertos en el monte de Gilboa. Y siguiendo los filisteos a Saúl y a sus hijos, mataron a Jonatán, a Abinadab y a Malquisúa, hijos de Saúl. Y arreció la batalla contra Saúl, y le alcanzaron los flecheros, y tuvo gran temor de ellos. Entonces dijo Saúl a su escudero: Saca tu espada, y traspásame con ella, para que no vengan estos incircuncisos y me traspasen, y me escarnezcan. Mas su escudero no quería, porque tenía gran temor. Entonces tomó Saúl su propia espada y se echó sobre ella. Y viendo su escudero a Saúl muerto, él también se echó sobre su espada, y murió con él. Así murió Saúl en aquel día, juntamente con sus tres hijos, y su escudero, y todos sus varones.

El dilema es real. El impulso religioso de seguir siendo parte de lo viejo es fuerte. El triste final de Jonatán demuestra que, incluso aquellos que han reconocido el destino profético de Dios, pueden ser retenidos por el pasado. Lo viejo, a veces, tiene ese poder sobre nosotros, que puede ser tan fuerte que nos impulsa a tomar decisiones irracionales y a mantener la lealtad a algo que dejará de existir.

Estoy escribiendo *Tiempo de Guerra* para ayudarte a definir más claramente lo que, a nivel subconsciente, ya sabes que está ocurriendo en la actualidad. Para poner en palabras lo que ya estás percibiendo. Y más importante aún, para animarte a tener el valor necesario para liberarte de lo viejo y declarar tu lealtad al "equipo" que está destinado a la victoria.

CAPÍTULO TRES

JUECES, SACERDOTES, PROFETAS Y REYES: LA EVOLUCIÓN DEL LIDERAZGO DIVINO

Saúl y David fueron muy distintos como líderes. Uno fue rechazado por Dios mientras que el otro fue un hombre conforme al corazón de Dios. ¿Qué los hacía tan distintos? Lo siguiente: el Rey Saúl perpetuaba el pasado mientras que el Rey David creaba un nuevo futuro. Saúl nunca llegó a la plenitud de su reinado. David sí.

Permíteme explicarlo un poco más. Una cosa es mirar al pasado y extraer las "mejores prácticas" de las generaciones pasadas y traerlas al presente para optimizar lo que estás haciendo hoy. Otra cosa es ver hacia el futuro y decidir crear algo totalmente nuevo que va mucho más allá de lo que el pasado podía ofrecer.

Por supuesto que mirar hacia atrás puede ser valioso cuando estás tratando de aprender de las situaciones del pasado. Pero no es allí hacia dónde vamos.

Como líderes de una nueva generación, somos llamados a movernos hacia el futuro y a crear algo que nunca ha sido hecho. Al examinar las Escrituras, queda claro que a Saúl le costaba mucho soltar el pasado.

Su estilo de liderazgo, su forma de pensar y sus métodos dependían de las costumbres del pasado y de los viejos paradigmas.

Sin embargo, como vimos en los capítulos anteriores, la palabra que Dios soltó desde el principio nos impulsa a avanzar hacia el futuro para ayudar a manifestar algo nuevo en nuestra generación. Al abrazar esta asignación divina, se nos pedirá soltar "las formas antiguas" y permitirnos movernos hacia nuevos paradigmas de liderazgo.

Cuando estudias los liderazgos de Saúl y David, descubres que Saúl nunca cambió. Siempre estuvo estancado en los viejos paradigmas. De hecho, casi me atrevería a decir que dependía exclusivamente del pasado para funcionar como líder en su presente.

Viendo las generaciones que antecedieron a Saúl y David, podemos encontrar resabios de métodos, mentalidades y estilos de liderazgo del pasado. Algunos de esos resabios podrás encontrarlos actualmente en la iglesia también. Son patrones de liderazgo e ideas que parecen haberse instalado en nuestras mentes y se manifiestan en conductas que producen resultados sub-óptimos. Son acciones que nos impiden ver la manifestación del reino de Dios como Él quiere.

El problema de Saúl es que, aunque técnicamente había sido ungido como rey, en su mente, estaba condicionado a funcionar como sacerdote y profeta. Este paradigma estaba fuertemente arraigado en su forma de liderazgo a causa de los ejemplos de los cuales había aprendido. En consecuencia, nunca alcanzó a desarrollar su reinado en plenitud y fue rechazado por Dios.

Los modelos de liderazgo que heredó de los líderes que le antecedieron le impidieron dar el salto al nivel siguiente, un modelo de liderazgo que representaría el reino de Dios en la tierra. Analicemos la línea histórica:

Antes de David estaba Saúl.

Antes de Saúl, estaba Samuel.

Antes de Samuel, estaba Elí.

Antes de Elí, estuvieron los jueces.

Sabemos que cada generación debe hacer un cambio para manifestar algo nuevo en su tiempo. Ese cambio requiere separarse del pasado para expandir el reino de Dios hacia el futuro. Al estudiar la historia de liderazgo de las distintas generaciones, podemos identificar los cambios cruciales que ocurrieron en las vidas de cada uno de estos líderes y las generaciones que representan.

David representa proféticamente al líder ideal, del cual deberíamos aprender tú y yo, y el cual deberíamos tomar como modelo. Al igual que tú y yo, David tenía sus fallas, sin embargo, fue capaz de perpetuar y hacer avanzar su reino a lo largo de su vida y la de las generaciones subsiguientes.

La Biblia dice muchas cosas positivas acerca de David, pero un pasaje en 1 Crónicas 18:6 lo resume todo:

Porque Jehová daba la victoria a David dondequiera que iba.

Piensa por un momento en eso.

David obtenía la victoria dondequiera que iba. No importaba contra quién luchara; él ganaba. Vivía su vida sin sufrir derrotas.

Puede ser difícil de creer, pero a mí esto me indica que se puede vivir una vida en victoria. Podríamos decir que David es la imagen de la iglesia victoriosa que debemos tomar como modelo.

Entonces la pregunta que surge es: *¿Por qué tuvo éxito David donde Saúl falló? ¿Cuál era el ingrediente que faltaba?*

La respuesta es que Saúl no supo cambiar.

Dependía exclusivamente de los modelos de liderazgo y ministerio del pasado, a punto tal que acabó llamando a Samuel desde su tumba para pedir consejo. Esta increíble historia se encuentra en 1 Samuel 28 e ilustra, con claridad, por qué Saúl no era el rey que Dios quería.

A continuación, un resumen de la historia (1 Samuel 28 NVI):

Ya Samuel había muerto. Todo Israel había hecho duelo por él, y lo habían enterrado en Ramá, que era su propio pueblo (v.3).

Saúl les ordenó a sus oficiales:
—Búsquenme a una adivina, para que yo vaya a consultarla.
—Pues hay una en Endor —le respondieron (v.7).

Saúl se disfrazó con otra ropa y, acompañado de dos hombres, se fue de noche a ver a la mujer.
—Quiero que evoques a un espíritu —le pidió Saúl—. Haz que se me aparezca el que yo te diga (v.8).

—¿A quién desea usted que yo haga aparecer? —preguntó la mujer.
—Evócame a Samuel —respondió Saúl (v.11).

Al darse cuenta Saúl de que era Samuel, se postró rostro en tierra. Samuel le dijo a Saúl:
—¿Por qué me molestas, haciéndome subir?
—Estoy muy angustiado —respondió Saúl—. Los filisteos me están atacando, y Dios me ha abandonado. Ya no me responde, ni en sueños ni por medio de profetas. Por eso decidí llamarte, para que me digas lo que debo hacer (v.14-15).

Saúl dependía del consejo del liderazgo del pasado a tal punto que confiaba en una voz que, literalmente, ya había muerto. En lugar de encontrar lo que buscaba, "el pasado" simplemente le reiteró lo que Dios ya había declarado acerca del futuro.

Samuel dijo: "Si el Señor se ha alejado de ti y se ha vuelto tu enemigo, ¿por qué me consultas a mí? El Señor ha cumplido lo que había anunciado por medio de mí: él te ha arrebatado de las manos el reino, y se lo ha dado a tu compañero David" (v.16-17).

¡Incluso el pasado declara proféticamente el futuro!

Con eso en mente, analicemos las generaciones que antecedieron a Saúl e identifiquemos sus características, algunas de las cuales vemos reflejadas en ciertos aspectos de la iglesia en la actualidad.

JUECES: UN ALIVIO TEMPORAL DEL PROBLEMA

El libro de Jueces es una colección interesante de historias de líderes que surgieron en tiempos difíciles de la historia de Israel. Muchas de las historias son muy inspiradoras y nos muestran modelos a seguir de personas que fueron capaces de llevar a Israel a la victoria contra todas las probabilidades.

Sin embargo, ninguno de los jueces fue capaz de sostener su gobierno más allá de su vida. Todos fueron incapaces de pasar la posta a la generación siguiente para aprovechar la inercia positiva que habían creado. En varios casos, la sensación que nos deja la historia es que su ministerio fue cortado a la mitad de su recorrido.

Casi parecen "movimientos aleatorios de parte de Dios" para sostener a Su pueblo en un sendero de supervivencia a lo largo de su historia. No eran jueces particularmente ungidos con un don específico como un sacerdote, un profeta o un rey. Eran gente común que, por alguna razón, fueron escogidos por Dios para lograr algo notable en sus vidas.

Si, como yo, has tenido la posibilidad de estudiar la historia de la iglesia, seguramente identificarás movimientos similares de parte de Dios en nuestro pasado. Gente como Smith Wigglesowrth, Evan Roberts, Charles Finney y muchos otros son ejemplos de personas que se levantaron como "jueces" en su tiempo para traer un "avivamiento" temporario al pueblo de Dios. Sin embargo, nada de ellos permanece hasta el día de hoy, más allá de las historias documentadas de lo que sucedió en ese tiempo.

En el tiempo de los jueces, el pueblo de Dios parecía estar esperando que Dios tomara la iniciativa y escogiera a un líder que ofreciera alivio temporario de la opresión.

En la actualidad, encontramos en la iglesia resabios de esa "mentalidad de jueces", donde tenemos la tendencia a esperar que Dios, soberanamente, haga algo en nuestro tiempo.

Lo llamamos "avivamiento".

Más allá de orar pidiendo que ocurra, no parece que hagamos mucho más para causarlo. Lo único que hacemos es mirar al pasado para señalar a los "generales" de antaño que experimentaron el avivamiento en sus vidas y pedirle a Dios que "lo haga de nuevo" en el presente. Oramos pidiendo el avivamiento y nos sentamos a esperar que ocurra.

Me recuerda la historia del que llevaba treinta y ocho años paralizado, en el estanque de Betesda. Esta historia se encuentra en Juan 5:1-5:

> *Después de estas cosas había una fiesta de los judíos, y subió Jesús a Jerusalén. Y hay en Jerusalén, cerca de la puerta de las ovejas, un estanque, llamado en hebreo Betesda, el cual tiene cinco pórticos. En éstos yacía una multitud de enfermos, ciegos, cojos y paralíticos, que esperaban el movimiento del agua. Porque un ángel descendía de tiempo en tiempo al estanque, y agitaba el agua; y el que primero descendía al estanque después del movimiento del agua, quedaba*

JUECES, SACERDOTES, PROFETAS Y REYES 45

sano de cualquier enfermedad que tuviese. Y había allí un hombre que hacía treinta y ocho años que estaba enfermo.

El estanque de Betesda describe la situación de la iglesia en la actualidad. Alrededor del estanque se encuentra una gran *multitud de enfermos, ciegos, cojos y paralíticos,* todos esperando que algo ocurra. Como iglesia, muchas veces parecemos reunirnos como grupo de gente rota, disfuncional y enferma que espera que Dios haga algo para mejorar la situación.

Por supuesto que todos necesitamos a Jesús. Todos necesitamos sanidad. Todos necesitamos que Dios haga un milagro en nuestras vidas. No es ese mi punto. Mi punto es que pareciera que el camino para recibir el milagro era ESPERAR el milagro. ESPERAR el avivamiento.

La vida en torno al estanque de Betesda estaba basada en las historias de aquellos que habían sido sanados y la esperanza de que algún día le llegaría el turno a uno mismo. Más allá de recibir la ayuda de algún hermano menos enfermo, lo único que podían hacer en Betesda era "esperar" y "orar" por un milagro.

Al igual que el hombre paralizado hacía treinta y ocho años, en la actualidad, nuestra esperanza parece estar limitada a la repetición de experiencias pasadas, cuando nos enfocamos en "cómo lo hizo Dios en el pasado". De hecho, no nos damos cuenta de que la respuesta a nuestra oración está justo frente a nosotros.

Juan 5:6-8 narra esa parte de la historia:

Cuando Jesús lo vio acostado, y supo que llevaba ya mucho tiempo así, le dijo: ¿Quieres ser sano?

Señor, le respondió el enfermo, no tengo quien me meta en el estanque cuando se agita el agua; y entre tanto que yo voy, otro desciende antes que yo.

Jesús le dijo: Levántate, toma tu lecho, y anda.

Claramente, la única esperanza que el hombre tenía de ser sano existía a partir de la creencia de que la historia se podía repetir. La única forma en que él creía poder recibir la sanidad era a partir de una acción soberana de Dios, un avivamiento que ocurriría cuando el ángel tocara el agua. *Porque Dios siempre lo había hecho así.*

Allí estaba su enfoque. Él necesitaba alguien que lo cargara. Esa era su única esperanza. Y dado que no tenía a nadie que lo hiciera, había perdido la esperanza. No podía ver el milagro que tenía delante suyo.

Al igual que este hombre, nosotros, como iglesia, muchas veces estamos enfocados en los avivamientos del pasado, con la esperanza de que se repitan y no somos capaces de ver que la respuesta a nuestra oración está delante de nuestros ojos.

Si deseamos ser como David, debemos cambiar. Debemos comenzar a operar a un mayor nivel de entendimiento. Debemos comenzar a pensar como un rey y no como un juez.

ELÍ: UN LUGAR DE MINISTERIO PERMANENTE

Esto cambió cuando Elí llegó a ser el juez sobre Israel. Cuando él comenzó a liderar al pueblo de Dios, volvió a haber alguna intencionalidad en el liderazgo. Elí no se quedó simplemente esperando que Dios actuara. Él sabía quién era él y juzgó sobre el pueblo de Dios con confianza a partir de ese entendimiento. No era sólo un líder al azar, elegido por Dios, que traería un alivio temporal a los hijos de Dios. Era un líder permanente que tuvo un ministerio sólido y sostenido durante un período de tiempo extendido.

Elí fue ungido y llamado para una tarea específica: ser un sacerdote en Israel. Esto lo distinguió de sus predecesores. Su confianza estaba

JUECES, SACERDOTES, PROFETAS Y REYES 47

fundada en su unción como sacerdote y lideró en consecuencia. Él sabía QUIÉN era. Sabía QUÉ tenía que hacer. Y sabía DÓNDE lo tenía que hacer.

En consecuencia, "se estableció" en Siloé, donde ministró en el tabernáculo hasta el día en que murió. Durante ese tiempo, vio un nivel de éxito que sus predecesores no alcanzaron. Fue capaz de establecer un ámbito que sirvió al pueblo de Dios, consistentemente, durante aproximadamente cuarenta años. La presencia de Dios permaneció en el lugar de su ministerio durante la mayor parte de esos años. El arca del pacto estuvo permanentemente presente en el lugar de gobierno de Elí.

Había un sistema que explicaba su éxito. Puedes reconocer mucho de este patrón en la iglesia actual.

Sin embargo, el liderazgo de Elí estuvo limitado a su unción como sacerdote. No fue un rey como David, ni un profeta como Samuel. Por lo tanto, no fue capaz de gobernar al pueblo de Dios desde un paradigma de reino. Desde la limitada capacidad que tenía, dada su unción como sacerdote, pudo ministrar al pueblo de Dios desde Siloé, el lugar donde el tabernáculo y el arca estaban ubicadas. Si necesitabas un milagro, Elí estaba listo para orar por un milagro para tu vida en uno de sus servicios.

Fue exactamente lo que ocurrió con Ana, que era estéril. Ella oró a Dios y su milagro ocurrió porque pudo "ir a la iglesia" (Siloé) y el "hombre de Dios" (Elí) oró por ella.

El ministerio y modelo de liderazgo de Elí se limita a la gente que asiste a nuestros servicios para experimentar un milagro de parte de Dios. Una acción poderosa de parte de Dios, genuina, pero limitada en el sentido de que sólo ocurre en un determinado lugar.

Muchos de nuestros ministerios, en la actualidad, siguen el modelo de Elí. Como iglesia, establecemos una presencia en un determinado lugar y lo llamamos "la iglesia local" e invitamos a quienes necesitan de Dios a venir "a recibir su milagro" en nuestras reuniones. Y, aunque los milagros ocurren allí, el avance del reino de Dios, en el panorama general, es mínimo.

La unción sacerdotal simplemente no alcanza para cumplir nuestro mandato como iglesia y para ver el reino de Dios establecido en la tierra. Necesitamos otro cambio. Uno que nos haga avanzar de un modelo de ministerio sacerdotal a una mentalidad de reino. Un cambio que incremente nuestra influencia. Un cambio que nos ayude a ganar batallas que solíamos pensar que no podíamos ganar.

SAMUEL: INFLUENCIA EXTENDIDA

Lo primero que hizo Samuel cuando Elí murió fue relocalizarse. Después de capturar el arca del pacto, hizo sus maletas y se mudó a una nueva ciudad llamada Ramá y decidió habitar allí.

Cuando observas el mapa, es interesante notar que este movimiento geográfico lo acercaba a Jerusalén, ciudad que sería la sede de gobierno del Rey David. Samuel, sin embargo, no era rey. Era un profeta que había crecido bajo un gobierno sacerdotal.

Sin embargo, Samuel sabía que su destino no era, simplemente, perpetuar el ministerio de Elí. Es por eso que hizo un cambio y extendió su influencia más allá de Siloé. Podrías decir que Samuel fue el primero que lideró un ministerio con múltiples sedes. Esta historia se encuentra en 1 Samuel 7:15-17:

> *Y juzgó Samuel a Israel todo el tiempo que vivió. Y todos los años iba y daba vuelta a Bet-el, a Gilgal y a Mizpa, y juzgaba a Israel en todos estos lugares. Después volvía a Ramá, porque allí estaba su casa, y allí juzgaba a Israel; y edificó allí un altar a Jehová.*

JUECES, SACERDOTES, PROFETAS Y REYES

Como puedes ver, desde su sede principal en Ramá, Samuel expandió su ministerio a otros tres territorios. Él no esperaba, simplemente, que la gente se acercara a Ramá. Dios lo había llamado y enviado a otros lugares también. Con su unción de profeta fue, de alguna manera, capaz de manifestar la presencia de Dios en lugares específicos a donde lo había llamado Dios. Samuel no estaba limitado a un lugar. Fue a lugares específicos que Dios había puesto en su corazón y juzgó, desde esos lugares, a Israel.

Desafortunadamente, la unción profética no es suficiente para cumplir el mandato que tenemos como iglesia. Necesitamos otro cambio. Uno que nos lleve más allá de los modelos de ministerio de Elí y Samuel. Un cambio que incremente nuestra influencia y nos permita ganar batallas que antes no podíamos. Un cambio que nos permita gobernar como reyes y que nos permita ver el establecimiento de Su reino en la tierra, así como es en el cielo.

SAÚL: ESTANCADO EN EL PASADO

Tristemente, Saúl nunca llegó a ser ese rey. Aunque fue ungido como rey, la forma en que operó en el liderazgo se vio limitada a lo que había aprendido de Samuel, Elí y los jueces. Su comportamiento como líder nunca se alineó a su unción como rey.

No hizo el cambio.

Saúl quedó estancado en las viejas conductas y en los paradigmas de liderazgo del pasado, lo cual tuvo como consecuencia un ambiente espiritual que se volvió tóxico para el pueblo de Dios. Este ambiente, eventualmente, sería el catalizador de la guerra entre la casa de Saúl y la de David.

No hay registro de que Saúl hiciera algún cambio. Él incluso se había mostrado reacio a ser rey, pero eventualmente lo aceptó, y resultó no ser muy beneficioso para el pueblo de Dios.

Es interesante notar la relación entre Saúl y el arca del pacto. El arca había sido la prioridad tanto para Elí como para Samuel, pero Saúl directamente ignoró la presencia de Dios a lo largo de todo su reinado.

1 Samuel 7:1-2 nos cuenta cómo Samuel había recuperado el arca de los filisteos y la puso bajo el cuidado de Eleazar:

> *Vinieron los de Quiriat-jearim y llevaron el arca de Jehová, y la pusieron en casa de Abinadab, situada en el collado; y santificaron a Eleazar su hijo para que guardase el arca de Jehová. Desde el día que llegó el arca a Quiriat-jearim pasaron muchos días, veinte años; y toda la casa de Israel lamentaba en pos de Jehová.*

Durante dos décadas, el arca permaneció intacta. Estuvo exactamente en el mismo lugar donde Samuel la había dejado hasta que David la retiró después de haber sido ungido como rey por el pueblo de Israel, como relata el pasaje en 2 Samuel 6. ¿Qué nos enseña esto? Que la presencia de Dios no era algo central ni crucial para el reinado de Saúl.

Acabó siendo un rey, pero no reinó ejerciendo su unción de rey. Él tenía un ministerio con un verdadero sentido de reino, pero en la realidad, acabó siendo una falsa representación de cómo es el reino de Dios. Para compensar su falta de liderazgo, tomó prestados métodos antiguos de líderes del pasado.

En resumen, Saúl nunca hizo el cambio. No llegó a ser un verdadero rey, sólo tuvo el título.

Cuando llevas el título de rey, pero nunca haces el cambio que te permite operar bajo la unción de rey, acabarás representando incorrectamente el reino que deberías estar liderando.

Saúl fue sólo un rey por su título, pero, al fin y al cabo, era el único rey que el pueblo había conocido. Por lo tanto, el pueblo lo trataba como un verdadero rey. No se podían imaginar que el verdadero rey acababa de unirse al ministerio de alabanza del rey Saúl y estaba tocando el arpa en el palacio.

No fue hasta que, un día, David regresó de la batalla, que el pueblo comenzó a notar la diferencia entre él y Saúl. Fue en ese momento que ese cántico separó, para siempre, a la casa de Saúl de la casa de David, porque el verdadero rey se había manifestado en la batalla.

Así comenzaba un conflicto que acabaría en una guerra. La misma guerra en la cual nos encontramos hoy; la guerra entre la iglesia de hoy y la iglesia de mañana.

PARTE 2

UN NUEVO HORIZONTE:
VIENDO LO QUE DEBE CAMBIAR

CAPÍTULO CUATRO

UN TERREMOTO DE FE: CUANDO TODO CAMBIA

La peor equivocación que podemos cometer es intentar construir un reino en Siloé o Ramá. Elí y Samuel fueron buenos hombres, pero no fueron capaces de administrar un reino, simplemente porque no fueron reyes. Ellos proporcionaron un lugar y un modelo de gobierno, pero no era el tipo de gobierno adecuado para administrar un reino.

Lo mismo ocurrió con el rey Saúl, un rey que sólo cargaba el título. Él había sido la respuesta al pedido del pueblo de tener un rey –un deseo sembrado por Dios, pero malinterpretado por la gente–. Saúl fue ungido rey, pero nunca asumió su verdadera posición.

Nunca hizo el cambio. Por el contrario, siguió dependiendo de las formas de gobierno anteriores.

Podríamos decir que Saúl trató de ser rey en Ramá. Pero Ramá era la sede de gobierno del profeta Samuel; no era el ámbito adecuado para un rey. Era demasiado limitado. Saúl no lo entendió y trató de dirigir un gobierno desde la postura y la perspectiva de Ramá. Para administrar un reino, Saúl debía moverse de lo establecido. Al no hacerlo, se predispuso a fracasar como rey.

No puede existir una cultura de reino dentro de la cultura actual de la iglesia, de la misma manera que Saúl no pudo reinar como rey en Ramá. Es crucial entender este punto. No podemos traer la cultura de reino a la iglesia. Debemos traer las iglesias a la cultura de reino. La diferencia es sustancial.

Recuerda que Saúl, el primer rey de Israel, intentó encajar en lo que ya existía en lugar de llevar lo que ya existía a un nuevo paradigma.

Yo llamo a esto la discrepancia entre la revelación profética y la manifestación apostólica. El solo hecho de que percibas ciertas cosas en un nivel profético o de revelación, no asegura que estés operando según esa revelación. En otras palabras, el solo hecho de entender la importancia y la relevancia del reino de Dios, no garantiza que estemos realmente alineados con esa revelación.

Saúl entendía que Dios quería un reino. Fue ungido como rey. El pueblo lo llamaba rey. Y, lo más importante, Dios mismo había hablado proféticamente sobre su vida diciendo que había sido escogido para ser rey sobre Israel.

Sin embargo, a pesar de la abrumadora evidencia de lo que debía ser, Saúl se conformó con lo preexistente. Nunca cambió. A nivel práctico, nada cambió. Es más, podría argumentarse que todo empeoró, y bastante, bajo el reinado de Saúl.

El hecho de que percibamos algo no implica que hayamos hecho la transición y nos hayamos alineado con lo que vemos. Hay una razón por la cual recibimos la revelación. La revelación requiere acción que nos saque de nuestra realidad y nos impulse a un nuevo nivel. Como iglesia, debemos tener la valentía de alejarnos de las formas establecidas de hacer las cosas y alinearnos con lo que sabemos que Dios quiere hacer en nuestra generación. Debemos estar dispuestos a dejar Siloé y Ramá atrás, para ir a Jerusalén, un lugar que desconocemos. Una ciudad que opera bajo un conjunto de reglas distinto.

Estoy convencido de que mucho del "fracaso" que vemos en la iglesia en la actualidad tiene que ver con este principio. La persona correcta, con la unción correcta, con el llamado correcto, pero en el contexto incorrecto, operará bajo una enorme presión que se puede manifestar en una variedad de malos resultados.

Personalmente, creo que las fallas que Saúl demostró a lo largo de su vida fueron el resultado de la presión que sufrió por estar predispuesto al fracaso. ¿Acaso justifica eso su conducta? Por supuesto que Saúl es responsable de las decisiones que tomó. Simplemente intento destacar que el ambiente en el que se encontraba, por no haber sabido hacer un cambio, lo predispuso a tener esas reacciones fallidas que lo caracterizaron.

Cuando encierras a un rey, verás lo peor de él manifestarse bajo presión.

Poner a una generación de reyes en un lugar que no conduce a un reinado, tendrá el mismo efecto.

Considera el relato de 2 Reyes 6:1-7 (énfasis añadido):

> *Los hijos de los profetas dijeron a Eliseo: He aquí, el lugar en que moramos contigo nos es estrecho.*
>
> *Vamos ahora al Jordán, y tomemos de allí cada uno una viga, y hagamos allí lugar en que habitemos. Y él dijo: Andad.*
>
> *Y dijo uno: Te rogamos que vengas con tus siervos. Y él respondió: Yo iré.*

Se fue, pues, con ellos; y cuando llegaron al Jordán, cortaron la madera.

Y aconteció que mientras uno derribaba un árbol, se le cayó el hacha en el agua; y gritó diciendo: ¡Ah, señor mío, era prestada!

El varón de Dios preguntó: ¿Dónde cayó? Y él le mostró el lugar. Entonces cortó él un palo, y lo echó allí; e hizo flotar el hierro. Y dijo: Tómalo. Y él extendió la mano, y lo tomó.

A mi entender, este pasaje ilustra claramente lo que está viviendo nuestra generación.

Aquí vemos a quienes el pasaje llama "los hijos de los profetas" que se acercan a hablar con Eliseo. Lo que vemos es a la nueva generación de líderes que había sido formada por Eliseo que expresaba la conclusión a la cual había llegado: que el lugar en el que moraban con él era estrecho para ellos. ¿No es exactamente lo mismo de lo que estamos hablando?

ENCONTRANDO UN LUGAR MÁS AMPLIO

El rey Saúl, que fue levantado por el profeta Samuel, se encontró en un lugar que era "demasiado pequeño" para reinar desde allí.

Como generación de reyes, hemos llegado a la misma conclusión. El lugar en el que hemos sido criados ha quedado muy estrecho para nosotros. No nos ayuda a llegar a ser quienes debemos ser como reyes.

Allí estaban los hijos de los profetas explicando a Eliseo que se sentían restringidos por el status quo. La nueva generación estaba pidiendo permiso para dejar su "ciudad de origen" e ir al nuevo lugar que visionaba para sí.

No estoy seguro de lo que hubiera hecho en lugar de Eliseo. Él había invertido su vida en levantar a esta nueva generación de líderes. Los

UN TERREMOTO DE FE 59

había entrenado. Los había equipado. Les había enseñado todo lo que sabían. Y ahora se quejaban de que se sentían limitados. Simplemente querían irse del lugar donde siempre habían estado con Eliseo. No les era suficiente.

Sorprendentemente, Eliseo no se mostró ofendido, ni se enojó. No lo malinterpretó. De hecho, supo discernir lo que realmente estaba ocurriendo y les dio permiso para irse.

Entendió que, si la nueva generación realmente estaba destinada a ser todo lo que Dios había dicho de ellos, debía dejarlos alejarse de lo que les había resultado conocido durante todos esos años. Sabía que el pasado no era el futuro. Debía dejarlos ir.

Por eso su respuesta fue tan directa: "Andad" (v.2).

Cuando Eliseo permitió a la nueva generación que avanzara, ocurrió algo notable. Los hijos de los profetas se volvieron a él y lo invitaron a ser parte de lo nuevo: "Te rogamos que vengas con tus siervos" (v.3).

Los hijos no intentaron encajar en el mundo existente, sino que invitaron al mundo existente a habitar con ellos en el nuevo lugar que estaban creando.

Como una generación Davídica, hemos sido llamados a ser reyes. Hemos sido llamados a administrar el reino. Esto no puede ocurrir dentro del contexto de la "iglesia". Al igual que los hijos de los profetas, el lugar que habitamos actualmente nos resulta estrecho para lo que debemos ser.

En lugar de tratar de "encajar" deberíamos invitar al pasado a ser parte del nuevo futuro que estamos creando. No para perpetuar el pasado en el futuro, sino para recontextualizar algo de lo que el pasado tiene para ofrecernos como parte de lo nuevo.

Eliseo accedió y también dejó el lugar en el cual había morado durante buena parte de su vida. Decidió moverse hacia el futuro, siguiendo a la nueva generación de líderes. Sí, las cosas serán distintas, pero, al reconocer, Eliseo, la estación de Dios, pudo ser de bendición para la nueva generación.

A su debido tiempo, Eliseo fue capaz de compartir sabiduría y consejo que ayudó a los jóvenes líderes a resolver un desafío que se encontraron cuando construían este nuevo lugar. Su entendimiento y su consejo les ayudó a recuperar un hacha que se había perdido.

Debemos aprender de esto.

Es cierto que no tenemos alternativa; tenemos que hacer nuestras maletas e irnos del lugar en el que vivimos actualmente. Pero, al irnos, deberíamos invitar a quienes nos han hecho crecer, a ser parte del futuro que estamos creando.

El lugar de nuestra morada nos ha quedado estrecho.

UN NUEVO HORIZONTE

Recuerdo el momento en que Dios me confrontó con una pregunta que transformó mi mundo. Fue en un tiempo en que yo estaba involucrado en la plantación de iglesias. De hecho, formaba parte de la plantación de iglesias en cinco ciudades distintas (cosa que no recomiendo) en los Países Bajos, país donde nací. De alguna manera, me las arreglaba para tener un trabajo a tiempo completo durante el día, y conducir por todo el país por las noches y en los fines de semana para desarrollar las diferentes congregaciones.

Durante ese tiempo me fui frustrando cada vez más con mi situación, dado que necesitaba tener un trabajo a tiempo completo para poder afrontar mis gastos. En realidad, no llegué a quejarme al respecto, pero, en lo profundo, comencé a sentir un resentimiento para con Dios por

UN TERREMOTO DE FE 61

esta situación. Aquí estaba yo, haciendo Su obra, y teniendo que hacer un trabajo que no me gustaba para poder sostener a mi familia.

Me preguntaba por qué no me podía cuidar mejor si yo estaba trabajando para Él.

De repente, un día, sentí que el Espíritu Santo me preguntó: *¿Qué estás haciendo?*

Al principio no entendí la pregunta, así que pedí que me la aclarara. Y su respuesta fue la misma pregunta: *¿Qué estás haciendo?*

Mi respuesta fue: *¡Tú sabes lo que estoy haciendo! Estoy plantando iglesias. Cinco iglesias, para ser más preciso. ¿Recuerdas?*

Mi respuesta dio inicio a una conversación con Dios que alteró la trayectoria de mi vida para siempre. Él comenzó a desafiar mi respuesta:

¿Qué? ¿No entiendo?

Y así me encontré explicando a Dios lo que yo estaba haciendo para Él: *Estoy plantando iglesias. ¿Recuerdas?*

Él siguió preguntándome acerca de estas actividades que yo decía estar haciendo en representación suya: *¿Puedes explicarte? Me parece que no te estoy entendiendo.*

Honestamente, la conversación se estaba poniendo molesta. ¿Por qué me preguntaba Dios algo así? Él sabía exactamente lo que estaba haciendo.

Debería haberme dado cuenta en el instante que, cuando Dios te hace una pregunta, no es porque no sepa la respuesta. Su pregunta en realidad me estaba diciendo algo a mí.

Por tercera vez intenté explicarle a Dios cómo estaba trabajando duro para Él en la plantación de estas iglesias. Comencé a detallar las distintas iglesias que estaba plantando: *Ya sabes... vas a una ciudad, encuentras un lugar. Luego convocas a una reunión e invitas a la gente. Cantas... predicas...* Mientras yo seguía con mi respuesta sentí que el Señor me decía algo que trastornó mi mundo.

Hmmm... qué concepto interesante... nunca había oído acerca de la plantación de iglesias antes. Gracias por explicármelo.

Fue en ese instante que me di cuenta de dos cosas. En primer lugar, mi vida estaba siendo consumida por actividades y esfuerzo que Él nunca me había pedido que hiciera. Nunca me había mandado a plantar ninguna iglesia. Jamás.

En segundo lugar, la "actividad" de "plantar iglesias" ni siquiera era algo bíblico. No hay referencia alguna de la "plantación de iglesias" en la Palabra de Dios.

¡Qué loco! ¿Verdad?

Sin embargo, por alguna razón, yo nunca había cuestionado estas actividades que habían consumido mi tiempo, energía y dinero durante un período tan extendido de tiempo.

EL MANDATO DEL REINO DE DIOS

Comencé a darme cuenta de que es Dios mismo quien asume la responsabilidad de edificar Su iglesia. Nunca nos pidió que fuéramos responsables de eso.

En Mateo 16:18, Jesús dice: "Yo edificaré mi iglesia".

Nunca me había preguntado si tenía o no que estar plantando y edificando iglesias para Él. Este entendimiento no sólo trastornó lo que estaba haciendo en esa temporada de mi vida sino todo lo que había visualizado para el resto de mi vida.

Seguí orando al Señor en esta conversación que estábamos teniendo y llegué a la conclusión de que Él me estaba pidiendo algo muy simple –algo que había estado "oculto a plena vista"–. Simplemente nunca lo había visto de esta manera.

Dios no me pedía que lo ayudara a plantar algunas iglesias, sino que lo ayudara a establecer Su reino en la tierra.

Lo diré de otra manera. Por supuesto que Dios quiere la iglesia, pero no quiere que seamos nosotros los responsables de edificarla. Sin embargo, como iglesia, Él quiere que compartamos la responsabilidad de gobernar Su reino en la tierra.

Nunca lo había visto de esta forma. Pero al leer la Escritura, comencé a verlo en todas partes.

Lo que Dios siempre quiso fue un reino en la tierra. Y todo lo que ha hecho, desde el principio de la creación, ha sido para establecer Su reino en la tierra, así como lo es en el cielo.

Comenzó en el Jardín del Edén, donde posicionó al hombre y le dio autoridad para gobernar en representación Suya y expandir Su dominio a lo largo de la faz de la tierra (Génesis 1:26).

La historia de David es la historia de ese mismo reino que Dios tenía en mente desde el principio de los tiempos. La historia de David y su trayecto hacia el reinado reflejan, proféticamente, el mismo trayecto en que nos encontramos, como Su pueblo, en la actualidad.

Como Su pueblo, estamos destinados a ser reyes en Su reino.

De repente, noté que "el reino" es aquello de lo cual Jesús hablaba todo el tiempo. Literalmente, TODO lo que Él compartió estaba relacionado con el reino. Sus parábolas, Sus prédicas, Su conversación con Nicodemo, Sus oraciones... literalmente TODO lo que dijo e hizo estaba relacionado, de alguna manera, con el reino del cual Dios quería que formáramos parte.

A continuación, algunos de los incontables ejemplos de la Escritura al respecto:

- "Mas buscad el *reino* de Dios, y todas estas cosas os serán añadidas" (Lucas 12:31, énfasis añadido).
- "No temáis, manada pequeña, porque a vuestro Padre le ha placido daros el *reino*" (Lucas 12:32, énfasis añadido).
- "Desde entonces comenzó Jesús a predicar, y a decir: Arrepentíos, porque el *reino* de los cielos se ha acercado" (Mateo 4:17, énfasis añadido).
- "Y recorrió Jesús toda Galilea, enseñando en las sinagogas de ellos, y predicando el evangelio del *reino*, y sanando toda enfermedad y toda dolencia en el pueblo" (Mateo 4:23, énfasis añadido).
- "Venga tu *reino*. Hágase tu voluntad, como en el cielo, así también en la tierra" (Mateo 6:10, énfasis añadido).
- "Recorría Jesús todas las ciudades y aldeas, enseñando en las sinagogas de ellos, y predicando el evangelio del *reino*, y sanando toda enfermedad y toda dolencia en el pueblo" (Mateo 9:35, énfasis añadido).
- "Les refirió otra parábola, diciendo: El *reino* de los cielos es semejante a un hombre que sembró buena semilla en su campo" (Mateo 13:24, énfasis añadido).
- "Respondió Jesús y le dijo: De cierto, de cierto te digo, que el que no naciere de nuevo, no puede ver el *reino* de Dios" (Juan 3:3, énfasis añadido).
- "Aconteció después, que Jesús iba por todas las ciudades y aldeas, predicando y anunciando el evangelio del *reino* de Dios, y los doce con él" (Lucas 8:1, énfasis añadido).

- "Y los envió a predicar el *reino* de Dios, y a sanar a los enfermos" (Lucas 9:2, énfasis añadido).
- "Y cuando la gente lo supo, le siguió; y él les recibió, y les hablaba del *reino* de Dios, y sanaba a los que necesitaban ser curados" (Lucas 9:11, énfasis añadido).
- "Jesús le dijo: Deja que los muertos entierren a sus muertos; y tú ve, y anuncia el *reino* de Dios" (Lucas 9:60, énfasis añadido).
- "Porque el *reino* de Dios no consiste en palabras, sino en poder" (1 Corintios 4:20, énfasis añadido).
- "Porque de esta manera os será otorgada amplia y generosa entrada en el *reino* eterno de nuestro Señor y Salvador Jesucristo" (2 Pedro 1:11, énfasis añadido).
- "Entonces oí una gran voz en el cielo, que decía: Ahora ha venido la salvación, el poder, y el *reino* de nuestro Dios, y la autoridad de su Cristo; porque ha sido lanzado fuera el acusador de nuestros hermanos, el que los acusaba delante de nuestro Dios día y noche" (Apocalipsis 12:10, énfasis añadido).

Esto es simplemente una pequeña muestra de la increíble cantidad de referencias bíblicas al reino de Dios. Este reino es la clave de todo. Mientras Jesús edifica Su iglesia, desea que nosotros entendamos cómo administrar Su reino en la tierra.

UN CHOQUE DE CULTURAS

¿Por qué es tan importante comprender este énfasis en el reino? ¿No es sólo una diferencia en la terminología?

¿Iglesia?

¿Reino?

¿Cuál es la diferencia? ¿Importa realmente? ¿No estamos hablando todos de lo mismo?

Bueno, permíteme ponerlo de esta forma. Cuando Dios comenzó a mostrarme que toda Su agenda está centrada en el establecimiento de Su reino en la tierra, se desató un conflicto en mi interior –un conflicto que desafiaba todo lo que yo pensaba que era cierto–.

Desafió el uso que hacía de mi tiempo. El uso que hacía de mi dinero. Y la forma en que gastaba mi energía. Honestamente, desafió todo lo que yo entendía que era el propósito de mi vida.

El conflicto que experimenté fue, en esencia, el mismo que ocurrió entre Saúl y David, y es el mismo en el que nos encontramos en la actualidad.

Es el conflicto entre lo que yo llamo la "cultura de la iglesia" y la "cultura del reino".

Ya sé que las palabras "cultura de reino" están siendo muy utilizadas al punto tal que muchos ya ni hacemos caso del término. Pero la frase ha sido utilizada para algo distinto. Lo cierto es que, como iglesia, nos encontramos ante un quiebre cultural. Un quiebre entre la cultura de la iglesia y la cultura del reino.

Anteriormente, hemos hablado acerca de los "cambios" y cómo Saúl nunca hizo el cambio que debió haber hecho tras haber sido ungido como rey. Saúl dependió, exclusivamente, del pasado para reinar.

David entendió algo: como verdadero rey, ungido por Dios para reinar en Su reino, debía hacer un cambio. Debía apartarse de las cosas pasadas hacia una posición nueva de autoridad y liderazgo que las generaciones anteriores no habían podido alcanzar. Debía elevarse a un nuevo nivel de gobierno. Una nueva posición. Un lugar mejor.

Fue un cambio que abriría la posibilidad de alcanzar victorias más allá de Siloé y Ramá, y que permitiría a la casa de David expandir su influencia más allá de las limitaciones que habían condicionado a las generaciones anteriores. Un cambio que hoy nos exige alejarnos de la cultura de la iglesia hacia una mentalidad de reino. Un cambio que exige que creemos una verdadera cultura de reino.

La guerra entre la casa de Saúl y la casa de David fue una guerra en torno del mismo cambio que atraviesa la iglesia hoy.

Es una guerra que acabará llevando al pueblo de Dios a una nueva forma de gobierno. Nos catapultará a una era diferente que nos permitirá, no sólo competir con otras naciones, sino obtener victorias donde quiera que vayamos, al igual que David.

CAPÍTULO CINCO

CONFORMÁNDOSE CON SAÚL: CUANDO UN DESEO DIVINO ES DISTORSIONADO

Antes de ver con mayor detalle a lo que me refiero con establecer una nueva cultura de reino, debemos abordar una objeción común que surge al respecto de lo que he dicho hasta ahora. Muchos resisten la idea de una cultura de reino como la de David diciendo que Dios nunca tuvo la intención de que Israel tuviera un rey.

Entiendo cómo alguien puede llegar a esa conclusión a partir de la lectura de 1 Samuel 8, donde se narra cómo el pueblo pide un rey. A simple vista, parecería que ellos estaban perdidos y que Dios, en un momento de frustración, simplemente "les dio lo que querían". Y, si bien esto es, en parte, verdad, creo que hay una interpretación más profunda de esta situación.

A veces las cosas no son lo que parecen. Al estudiar la historia de Saúl y David, debemos tener en cuenta algunos detalles.

Revisemos la historia y veamos lo que ocurrió cuando el pueblo de Dios exigió un rey. El pasaje se encuentra en 1 Samuel 8:4-21:

> *Entonces todos los ancianos de Israel se juntaron, y vinieron a Ramá para ver a Samuel, y le dijeron: He aquí tú has envejecido, y tus hijos no andan en tus caminos; por tanto, constitúyenos ahora un rey que nos juzgue, como tienen todas las naciones. Pero no agradó a Samuel esta palabra que dijeron: Danos un rey que nos juzgue. Y Samuel oró a Jehová.*
>
> *Y dijo Jehová a Samuel: Oye la voz del pueblo en todo lo que te digan; porque no te han desechado a ti, sino a mí me han desechado, para que no reine sobre ellos. Conforme a todas las obras que han hecho desde el día que los saqué de Egipto hasta hoy, dejándome a mí y sirviendo a dioses ajenos, así hacen también contigo. Ahora, pues, oye su voz; mas protesta solemnemente contra ellos, y muéstrales cómo les tratará el rey que reinará sobre ellos.*
>
> *Y refirió Samuel todas las palabras de Jehová al pueblo que le había pedido rey.*
>
> *Dijo, pues: Así hará el rey que reinará sobre vosotros: tomará vuestros hijos, y los pondrá en sus carros y en su gente de a caballo, para que corran delante de su carro; y nombrará para sí jefes de miles y jefes de cincuentenas; los pondrá asimismo a que aren sus campos y sieguen sus mieses, y a que hagan sus armas de guerra y los pertrechos de sus carros. Tomará también a vuestras hijas para que sean perfumadoras, cocineras y amasadoras. Asimismo tomará lo mejor de vuestras tierras, de vuestras viñas y de vuestros olivares, y los dará a sus siervos. Diezmará vuestro grano y vuestras viñas, para dar a sus oficiales y a sus siervos. Tomará vuestros siervos y vuestras siervas, vuestros mejores jóvenes, y vuestros asnos, y con ellos hará sus obras. Diezmará también vuestros rebaños, y seréis sus siervos. Y clamaréis aquel día a causa de vuestro rey que os habréis elegido, mas Jehová no os responderá en aquel día.*

Pero el pueblo no quiso oír la voz de Samuel, y dijo: No, sino que habrá rey sobre nosotros; y nosotros seremos también como todas las naciones, y nuestro rey nos gobernará, y saldrá delante de nosotros, y hará nuestras guerras. Y oyó Samuel todas las palabras del pueblo, y las refirió en oídos de Jehová.

Y Jehová dijo a Samuel: Oye su voz, y pon rey sobre ellos. Entonces dijo Samuel a los varones de Israel: Idos cada uno a vuestra ciudad.

Es una historia intrigante. A simple vista parece que "el pueblo" se había vuelto loco y que estaban en estado de rebeldía.

Sin embargo, ¡es más complicado que eso!

CORAZONES FATIGADOS, CONCLUSIONES ERRÓNEAS

Es cierto que lo que pidieron no era lo correcto, pero también había mucho de "correcto" en lo que estaban pidiendo. Había más cosas ocurriendo que los impulsaron a hacer ese pedido a Samuel.

En el versículo 4 leemos que el pueblo dijo a Samuel: *"Constitúyenos ahora un rey que nos juzgue, como tienen todas las naciones"*. La clave aquí está en la frase *como todas las naciones*. El problema no era tanto que estuvieran pidiendo un rey, sino que pedían uno como tenían las naciones a su alrededor.

La gente veía las dinastías alrededor de Canaán y sentían que no podían competir.

Las otras naciones alrededor tenían más poder, mayor influencia, mayor riqueza, mejor milicia, mejores armas.

A decir verdad, eran mejores en TODO.

El pueblo de Israel quería lo que las otras naciones tenían... y más. ¿Cómo podía ser que eran el pueblo de Dios y, sin embargo, tenían menos que las otras naciones? Simplemente no tenía sentido.

Leían en las escrituras y enseñaban a sus hijos cosas como:

> ...Y prestarás a muchas naciones, y tú no pedirás prestado. Te pondrá Jehová por cabeza, y no por cola; y estarás encima solamente, y no estarás debajo... (Deuteronomio 28:12-13).

Por años habían memorizado estas promesas, habían meditado en ellas y se habían aferrado a ellas mientras trataban de visualizar el futuro que Dios tenía para ellos. Sin embargo, parecía haber una discrepancia abrumadora entre lo que Dios había dicho acerca de su destino y su realidad.

¿Cómo podía ser que "otras naciones" que no tenían un pacto con el Dios Todopoderoso experimentaran más de lo que ellos entendían que Dios tenía para Su pueblo?

La Biblia dice que "la esperanza que se demora es tormento del corazón" (Proverbios 13:12). El pueblo de Dios había esperado un mejor futuro durante mucho tiempo. Su esperanza se había demorado tanto que sus corazones estaban fatigados.

En busca de respuestas, comenzaron a creer que las otras naciones sabían algo que ellos no. Debe ser que estas naciones están haciendo algo bien que nosotros estamos haciendo mal.

Lo único que encontraron como conclusión al analizar las diferencias fue que ellos tenían algo que Israel no.

¡Reyes!

En toda su historia, Israel no había tenido rey. Debe ser que un rey es lo que falta para que los israelitas alcancen su destino de grandeza. Necesitaban una nueva forma de gobierno y la respuesta era la monarquía.

Entonces, para alcanzar lo que la Escritura decía que alcanzarían, necesitaban tener un rey como las otras naciones.

Además, sólo un rey puede competir con otros reyes.

Sólo puedes ganar si estás jugando al mismo juego. Hasta ese momento, ellos ni siquiera estaban jugando el partido.

Habían llegado a la conclusión de que un sacerdote (Elí) o un profeta (Samuel) nunca podría competir con un rey; por lo tanto, necesitaban un rey, tal como tenían las otras naciones.

Ahora bien, este es el punto complicado. El hecho de que Dios rechazara la idea de que tuvieran un rey *como todas las naciones*, no significa que rechazara la idea de una monarquía.

De hecho, como hemos visto, ¡Dios siempre ha querido un reino!

Sin embargo, el reino que Dios ha tenido en mente, no se parece al que estaban llevando adelante los reyes de las otras naciones.

Él quería un Rey –simplemente no uno como el que tenían las otras naciones–.

UN DESEO PIADOSO DE REINAR

El cuadro general es que la historia central de la Escritura tiene que ver con el reino de Dios. Como hemos visto anteriormente, Dios dio al hombre autoridad sobre Su dominio en el Jardín del Edén, cuando le dijo a Adán y Eva que lo sometan y lo dominen.

El Rey de Reyes dio a Su pueblo autoridad sobre Su dominio. De hecho, reino hace referencia al territorio bajo dominio de un rey.

Dios nos hizo gobernantes de Su dominio, efectivamente convirtiéndonos en reyes dentro de Su reino.

La Biblia hace numerosas referencias a Jesús como el "Rey de reyes". ¿Quiénes son esos reyes sobre los cuales Él es Rey?

¡Él dice que *nosotros* somos esos reyes!

George MacDonald fue un ministro y escritor escocés de los años 1800 que precedió e influyó en C.S. Lewis, entre otros. En su libro *Unspoken Sermons* (*Sermones no predicados*), escribió:

> *¿Qué reino es aquel sobre el cual el Señor desea reinar, dado que dice que vino al mundo a reinar? Mi respuesta es un reino de reyes y nada más. Allí donde todo hombre es un rey, es el único lugar donde el Señor quiere reinar, en el nombre de su Padre. Al Señor no le importa ningún reino o nación de este mundo. Un rey debe reinar sobre sus propios semejantes. Jesús es rey no por mérito de alguna conquista, herencia o elección, sino por el derecho que le otorga su propia esencia. Sus súbditos deben ser de su propia estirpe, en esencia y por naturaleza, reyes.*

Recuerda que Dios nos creó a Su imagen. Si Él es un Rey y nosotros fuimos creados a Su imagen, entonces efectivamente fuimos creados para operar como reyes en Su reino.

Dado el origen del reino de Dios y cuál fue su intención con la creación, creo que Dios depositó en cada ser humano, un deseo genuino de gobernar y reinar.

La Palabra de Dios declarada en el Jardín del Edén sembró, en cada persona, el deseo de reinar. Ese deseo impulsa a la humanidad a crear, sojuzgar e incrementar su influencia. Todos hemos sido destinados a ser reyes en Su reino.

Fuera de una relación con Dios, ese deseo puede convertirse en algo malo. Sin embargo, cuando nos alineamos con el propósito eterno de Dios de extender Su reino, puede resultar algo muy poderoso y positivo.

De hecho, sin ese deseo, somos incapaces de cumplir el propósito dado por Dios a Su pueblo. Sin ello, somos incapaces de vivir a la altura de las promesas que hay en la Escritura. Sin eso, ni siquiera somos capaces de competir con quienes no tienen a Dios.

El problema es que no puedes poner a una generación de personas que han sido llamadas a ser reyes en un lugar como Siloé o Ramá. Son productos de distintas formas de gobierno. Formas que pueden haber sido necesarias en un determinado momento para hacer avanzar al pueblo de Dios pero que no deben permanecer para siempre.

Siloé y Ramá eran lugares donde el status quo del liderazgo era llevado a cabo por un sacerdote o profeta. Cuando estás destinado a ser un rey, no puedes funcionar en ese ámbito. En algún momento, surgirán problemas.

Un rey en Siloé romperá Siloé o se romperá a sí mismo al permanecer en Siloé.

Los reyes necesitan estar con los reyes. Desean competir a su nivel. Si naciste para ser rey, no quieres ser puesto en un ámbito que no te permite ser un rey.

He llegado a la conclusión de que la raíz de la insatisfacción que tenía el pueblo en el tiempo de Samuel era válida; deseaban algo más que lo que estaban experimentando bajo Elí y Samuel. Algo, en lo profundo de su ser, les decía que tenía que haber más que lo que estaban viviendo.

Estaban frustrados por el hecho de que las naciones a su alrededor parecían estar teniendo más éxito que ellos mismos. Otras naciones experimentaban cosas mayores y mejores. ¿Cómo podía ser que ellos, que tenían un pacto con Dios, tuvieran un nivel de vida inferior a quienes les rodeaban y no tenían esa relación con Dios?

El deseo de los israelitas de alcanzar más era genuino y correcto. Era un deseo que Dios mismo había puesto dentro de ellos. El deseo de gobernar como reyes.

Su conclusión de lo que necesitaban para ver ese deseo volverse realidad fue una mala interpretación de la situación.

¿Pero cómo podían saberlo? Nunca habían tenido un rey. Los únicos reyes que conocían eran los de las otras naciones.

Entonces es cierto que estuvieron equivocados en lo que pidieron. Pero ¿quién puede culparlos? Simplemente no lo sabían. No tenían un punto de referencia para saber cómo debía verse un rey piadoso. Lo único que conocían de las monarquías era lo que veían de las naciones que les rodeaban.

Hay más evidencia en la Escritura de que Dios quería que su pueblo tuviera un rey (simplemente no uno como el de las otras naciones). En el tiempo de Elí, hubo un profeta que apareció y profetizó acerca de David, el hombre conforme al corazón de Dios:

> *Y te será por señal esto que acontecerá a tus dos hijos, Ofni y Finees: ambos morirán en un día. Y yo me suscitaré un sacerdote fiel, que haga conforme a mi corazón y a mi alma; y yo le edificaré casa firme, y andará delante de mi ungido todos los días* (1 Samuel 2:34-35).

Al emitir juicio sobre la casa de Elí, Dios también ofrece una previsualización de lo que viene en el futuro. Nos da algo de información del futuro liderazgo de Israel. Si bien Dios llama a su líder fiel un sacerdote, también dice que Él le edificará una "casa firme".

Estas dos palabras en el texto original implican que Dios iba a edificar una "dinastía real" a través de esta persona. El profeta está hablando de David, que sería el primer rey verdadero –un rey que produjo una dinastía que no sólo traería al Mesías sino también, indirectamente, a todos nosotros, los reyes de Su reino–.

Sí, el reino de Dios tendrá sacerdotes y profetas, pero el modelo dominante de gobierno es el reino.

Somos llamados a ser reyes, pero somos parte de un ámbito que opera como Siloé y Ramá. Jamás alcanzaremos nuestro máximo potencial si nos quedamos aquí. La iglesia de hoy tendrá que hacer el cambio hacia la iglesia del mañana.

En lo profundo, sabemos que hay más. Sabemos que las cosas deben cambiar. Sabemos que no podemos seguir estando en el mismo lugar.

Debemos preguntarnos lo siguiente: *¿Estamos dispuestos a hacer lo necesario para lograrlo?*

CAPÍTULO SEIS

NO MÁS MEJORES SEGUNDOS: CREADORES, NO COPIAS

P ara ser totalmente honesto contigo, debo reconocer que estoy decepcionado.

Decepcionado con la incapacidad que hemos demostrado, como iglesia, para impactar en el mundo que nos rodea.

Parece que siempre llegamos en segundo lugar. Nunca parecemos ser parte del equipo ganador.

Lo sé, lo sé. No se supone que diga estas cosas porque la Biblia nos dice que somos "más que vencedores" (Romanos 8:37).

Pero debo ser honesto conmigo mismo. No puedo negar algo que sé. Nosotros, como iglesia, NO hemos sido victoriosos. NO somos el equipo que ha venido ganando. NO hemos tenido el impacto que debiéramos tener. NO somos esa ciudad en la cima de la colina que brilla alumbrando la oscuridad.

¡Simplemente no lo somos!

Cuando se trata de crear la cultura y avanzar en la sociedad, nos hemos esforzado y logrado algún grado de progreso, pero parece que nunca alcanzamos el podio ni obtenemos las medallas.

Ahora bien, no quiero ser pesimista, pero tampoco quiero engañarme. Me siento como el pequeño niño en la historia del emperador que se paseaba sin vestimenta: no puedo negar lo que veo.

Durante demasiado tiempo nos hemos convencido de que la vida que vivimos es la que Dios tenía para nosotros cuando, en realidad, ¡hay mucho más!

Es nuestra responsabilidad lograr "más" y demostrar "más". Si no lo hacemos, simplemente ofrecemos una imagen distorsionada de Dios al mundo que nos rodea.

Mateo 13:44 dice: "Además, el reino de los cielos es semejante a un tesoro escondido en un campo, el cual un hombre halla, y lo esconde de nuevo; y gozoso por ello va y vende todo lo que tiene, y compra aquel campo".

Decimos haber encontrado este tesoro escondido en un campo, pero en realidad lo que tenemos es un cofre con piedras. Y luego intentamos convencernos de que vale la pena vender todo lo que tenemos para adquirirlo.

Pero cuando veo lo que hemos logrado como iglesia, mi conclusión es que simplemente no vale la pena.

Para ser brutalmente honesto, si esto es TODO lo que hay, tengo mejores cosas que hacer. ¿Tú no?

No me malinterpretes: estoy feliz de que Jesús me amó tanto como para hacer lo que hizo por mí. Pero no puedo evitar ese sentimiento de que aquello por lo cual Él murió es mucho más que lo que estamos experimentando hoy. Si "ir al cielo" es todo lo que obtenemos de Su sacrificio, entonces estamos devaluando lo que hizo.

Lucas 12:32 dice que "a vuestro Padre le ha placido daros el reino". Una vez que somos salvos, tenemos acceso al reino. No aprovecharlo es una falta de respeto a quien pagó el precio para que lo tengamos. Y aunque no lo quisiéramos para nosotros mismos, el mundo a nuestro alrededor lo necesita.

En el capítulo anterior, hice alusión al pasaje en Deuteronomio 28:13 que dice que "el Señor te hará cabeza y no cola". Pero lo cierto es que somos la cola, no la cabeza. El mundo a nuestro alrededor es la cabeza y nosotros, la iglesia, estamos siguiendo desde atrás. Estamos siguiendo a los otros reyes.

Ya hemos establecido que "Elí" y "Samuel" no nos ofrecen la infraestructura y el ambiente adecuados para funcionar como cabeza. Un sacerdote y un profeta pueden lograr mucho, pero no nos pueden disponer para llegar a ser reyes en un entorno pujante, creciente y de avance continuo.

Debemos irnos de Siloé y Ramá para llegar a ser aquello para lo cual Dios nos creó: reyes en Su reino.

La clave es desarrollar una cultura de reino que propicie un ambiente que nos permita ser como David y tener victoria dondequiera que vayamos (1 Crónicas 18:6). Hasta que lo logremos, estaremos siguiendo por detrás al mundo en cada aspecto de la cultura.

Algunos dicen que la cultura es creada a través de las siete esferas de influencia que están presentes en toda sociedad:

- Arte y entretenimiento
- Economía y negocios
- Educación

- Familia
- Gobierno
- Medios
- Religión

Puede que haya más, pero estas esferas representan sectores de influencia en los cuales la iglesia debe posicionarse para lograr, efectivamente, tener impacto en la sociedad.

Piensa, por un momento, cómo nos estamos desempeñando en cada una de estas esferas. ¡Exacto! En lugar de ser los que marcan el tono, simplemente somos los seguidores. Copiamos lo que vemos. En consecuencia, nos hemos convertido en un simple adjetivo que se añade a una categoría, en lugar de crear nuevas categorías.

Como iglesia, lo que creamos son:

- Artistas cristianos
- Empresas cristianas
- Películas cristianas
- Música cristiana
- Políticos cristianos

Creo que se entiende el punto.

Creamos copias cristianas para cada categoría principal que existe. Y luego, en general, producimos algo muy inferior a la versión que ofrece el mundo.

Nuestras películas tienen menor presupuesto que el promedio de las películas de Hollywood. Modelamos nuestra música a partir de estilos creados por artistas seculares. Nuestras empresas son menos exitosas. En general, el desempeño de la iglesia es muy inferior a lo que "las otras naciones" producen.

¿Cuál es la clave para que esto cambie?

¡Cultura de reino!

Debemos armarnos de valor para alejarnos de las formas establecidas de hacer las cosas. Debemos estar dispuestos a "olvidar" incluso las cosas que nos han traído éxitos en el pasado.

Lo diré de nuevo: lo que nos ha traído hasta aquí, no nos llevará a donde necesitamos llegar.

Quienes abracen el cambio se verán envueltos en un conflicto: una guerra entre la casa de Saúl y la casa de David.

ANATOMÍA DE UNA CULTURA

Una vez que ves algo, no puedes olvidar que lo viste. Cuando logras ver un atisbo de un futuro distinto, es difícil conformarte con lo que ya tienes. Tiene su lado bueno y su lado malo. Yo lo experimenté en carne propia hace años cuando me encontraba viendo la televisión.

En pantalla estaba un reconocido predicador televisivo hablando acerca del reino de Dios. Estaba compartiendo principios, ideas e historias para explicar cómo opera.

Era inusual que yo estuviera viendo televisión cristiana; en general no es algo que disfrute y me suelo aburrir rápido. Sin embargo, por alguna razón, ese día dejé la televisión encendida con ese programa.

El predicador no estaba compartiendo nada que no hubiera escuchado antes. De hecho, muchos de los ejemplos que presentaba eran los mismos que yo utilizaba muchas veces en mis sermones.

Entonces, en medio de la transmisión, algo sobrenatural ocurrió. Algo que no había experimentado antes. Algo que me arruinó en un solo instante.

Mientras escuchaba a este hombre hablar acerca del reino de Dios, de repente VI el reino de Dios. De alguna manera, lo que sabía acerca del reino de Dios se volvió tan real para mí que lo pude VER. Y cuando lo vi, en una décima de segundo arruinó mi sistema de creencias completo.

Todo lo que creía saber acerca de Dios, la iglesia, el ministerio y Su reino había sido destruido en un momento. Me di cuenta de que no sabía *nada*.

¿Por qué estoy compartiendo esta historia?

Porque cuando vi lo que era el reino de Dios, ¡me di cuenta de que lo que yo había estado construyendo no era eso! Entendí que, si realmente quería ir en pos de lo que vi que era el reino, de hecho, debía destruir directamente las cosas que había estado construyendo con tanto esfuerzo.

Me tomó algunos meses recuperarme de esa experiencia. No había nada que pudiera decir. No lo podía compartir. No podía predicar. Nada de lo que se me pudiera ocurrir era suficientemente relevante como para contribuir a la luz de lo que ahora sabía.

Honestamente, tuve lo que sólo puedo describir como una crisis personal de fe. Ahora sabía algo que antes no. Había visto algo que no podía olvidar. Para quienes han visto la película "Matrix", había tomado la píldora roja y ya no podía volver atrás.

¿Cómo podía hacer algo que tuviera relevancia a la luz de lo que había entendido?

El problema es que Dios siempre será mucho más grande de lo que nuestra visión nos permita imaginarnos de Él. Lo cierto es que Él siempre será más glorioso de lo que podemos siquiera imaginarnos.

No importa el nivel de revelación que podamos alcanzar en nuestra vida, Él siempre será mucho mayor. No hay nada en la tierra que podamos hacer o construir para Él que pueda contener Su majestuosidad.

En cierta medida, puede sonar depresivo, pero no lo es. Es aleccionador, y no debiera ser algo que nos lleve a humillarnos. Es muy sano que toda persona experimente este proceso porque pone las cosas en perspectiva. Cuando se entiende esto, uno puede ver la iglesia y sentirse aliviado. Podemos ver al cristianismo y tener esperanza.

En 2 Crónicas 6:18, el hombre más sabio que haya existido, el Rey Salomón, preguntó a Dios lo siguiente:

Mas ¿es verdad que Dios habitará con el hombre en la tierra? He aquí, los cielos y los cielos de los cielos no te pueden contener; ¿cuánto menos esta casa que he edificado?

Con esa sabiduría que le había sido otorgada por Dios, Salomón entendió que no importaba lo que Él edificara para Dios en esta tierra, nada podría contener a Aquel que está sentado en el trono de los cielos. ¡Ni siquiera los cielos de los cielos pueden contenerlo!

Sin embargo, a pesar de esta conclusión, Salomón siguió construyendo de la mejor manera posible. Ofreció sacrificios y alabanza al Señor hasta que el templo estuvo terminado. Y el Dios Todopoderoso respondió:

Y apareció Jehová a Salomón de noche, y le dijo: Yo he oído tu oración, y he elegido para mí este lugar por casa de sacrificio (2 Crónicas 7:12).

La gloria de Dios descendió en el templo que Salomón había construido. El esplendor del templo no se comparaba con el esplendor del Dios Todopoderoso. Pero Salomón lo había construido haciendo su mejor esfuerzo, con el nivel de revelación que tenía. Lo hizo con todas sus fuerzas e hizo sacrificios a Dios continuamente. Y por haber hecho eso, Dios respondió.

Al igual que Salomón, debemos esforzarnos por lograr algo mejor y construir al máximo de nuestras posibilidades. Al hacerlo, Dios responderá.

Cuando se asentó el polvillo ocasionado por mi terremoto de fe, me di cuenta de que debía tomar la decisión de alejarme de la forma de pensar, los modelos y las formas de hacer del pasado y disponerme a avanzar hacia un nuevo paradigma para ser parte de la creación de una cultura de reino.

Es mucho más fácil decirlo que hacerlo. La mayoría de la gente estaría de acuerdo con que es necesaria una cultura de reino. Pero creo que muchas veces no entendemos el verdadero impacto de esa afirmación.

Si verdaderamente vamos a cambiar nuestro entorno de una cultura que no tiene en cuenta al reino a una cultura de reino, el impacto será enorme. No es algo fácil. No puede simplemente decir "quiero una cultura de reino" y esperar que ocurra sin consecuencias.

La palabra "cultura" es excepcionalmente compleja. En el idioma inglés, se dice que es una de las dos o tres palabras más complejas.

La cultura no puede ser definida por una o dos cosas. En consecuencia, no puedes simplemente "cambiar tu cultura" como te cambias de ropa.

La cultura es creada por una combinación de un millón de pequeñas cosas como:

- Nuestros valores
- Nuestras costumbres
- Nuestro sistema de creencias
- Cómo nos vemos a nosotros mismos
- Cómo vemos a otros
- Lo que comemos
- Cómo comemos
- Nuestro lenguaje o lenguajes
- La forma en que nos vestimos
- La forma en que pagamos impuestos
- A quién pagamos impuestos
- Nuestras leyes
- Nuestra forma de gobierno
- Nuestra religión
- Nuestra economía
- Sistemas familiares

¡Y esto sólo por nombrar algunas!

En conjunto, representan toda nuestra manera de vivir: nuestra cultura.

No puedes simplemente apuntar a un aspecto y explicar lo que es la cultura. Porque lo es todo. Así que cuando decimos que vamos a cambiar la cultura, estamos diciendo que vamos a cambiar TODO.

Si realmente creemos que, como pueblo de Dios, debemos hacer un cambio de nuestra cultura a una cultura de reino, y si estamos comprometidos con el proceso, básicamente estamos diciendo que estamos comprometidos a cambiar todo lo que hemos hecho hasta ahora.

¿Estamos verdaderamente listos para eso? Porque esta madriguera puede llegar mucho más profundo de lo que creemos.

Cuando comencemos a cambiar, puede llegar a afectar todo lo que forma parte de nuestra realidad actual. Sin embargo, al mismo tiempo, es la única opción que tenemos si queremos llegar a donde Dios quiere que estemos.

¡Lograrlo nos costará todo!

En el proceso, deberemos estar dispuestos a cambiar muchas cosas. Muchas cosas que son parte de nuestra cultura actual pero que deben ser redefinidas por una verdadera cultura de reino.

Si tú y yo hemos de ser reyes, no podemos gobernar desde Siloé. No podemos edificar nuestro palacio en Ramá. Esos lugares son sofocantes para los reyes.

La cultura de reino crea un espacio que te permitirá respirar. La cultura de reino propicia el pensamiento crítico. Te permite hacer y crear cosas que nunca antes habías imaginado o soñado. La cultura de reino facilita un ámbito donde, como pueblo de Dios, podemos ser reyes.

Cambiar la cultura es difícil, pero vale la pena.

CAPÍTULO SIETE

EL DICCIONARIO DEL REINO DE DIOS: APRENDIENDO A HABLAR SU IDIOMA

Dado que el futuro exige un cambio cultural completo, no es posible entrar en detalle, en este libro, de cada aspecto que debe cambiar. Sin embargo, quisiera explorar algunas grandes áreas que nos ayudarán a ubicarnos en el lugar correcto para comenzar a procesar el cambio inminente.

Cuando digo "grandes áreas" me refiero a aquellas que tienen un impacto en el panorama general. Por ejemplo, hay ciertos aspectos de la cultura que tienen más que ver con preferencias y que tienen mínimo impacto en el gran cuadro. Si vives en África puede que, culturalmente, seas más proclive a consumir mangos que una persona de origen noruego, que prefiere algún tipo de frambuesa. Ambas son opciones de fruta. Ambas son sabrosas. Sin embargo, no hay un impacto real por elegir una u otra.

Hay otro tipo de cambios culturales que sí tendrán un impacto importante. Comencemos por el lenguaje.

El lenguaje es un aspecto fundamental de toda cultura. Si no entiendes el lenguaje de una cultura te será muy difícil comprender la cultura en sí. Existe un dicho que dice que un turista es alguien que se ríe de todo, excepto de las bromas. Es decir, los turistas, en ocasiones, ríen porque no comprenden, y en otras no se ríen porque no entienden.

La cultura de reino tiene su propio lenguaje y, si queremos entender la cultura de reino, es crucial que sepamos hablar su idioma. El problema es que nuestro bagaje religioso muchas veces nos impide entender algunas palabras.

La definición de muchas palabras que utilizamos en el contexto religioso de nuestra iglesia se ha desviado, con el tiempo, de su significado original. Para entender el idioma del reino debemos tener un diccionario que defina las palabras que utilizamos. De esa manera, nos podremos entender.

Por ejemplo, hay un viejo dicho que dice que Gran Bretaña y los Estados Unidos son "dos naciones divididas por un lenguaje en común". Sin embargo, la tendencia a utilizar las mismas palabras, pero darle distinto significado no es algo que se limite a estos dos países.

Yo viví durante casi tres años en Sudáfrica, país cuyo idioma oficial es el inglés. Sin embargo, que hablen inglés no quiere decir que las palabras signifiquen lo mismo que en los Estados Unidos.

Por ejemplo, en los Estados Unidos, se utiliza la palabra inglesa "costume" para hacer referencia a un disfraz. En Sudáfrica, la misma palabra "costume" se utiliza para hablar de los trajes de baño. Es la misma palabra en el mismo lenguaje, pero su significado es totalmente distinto.

Entonces, al cambiar la cultura, debemos asegurarnos de estar hablando el mismo idioma.

EL LENGUAJE DEL REINO

En la jerga de nuestra iglesia utilizamos muchos términos que han perdido su significado original con el tiempo. Palabras como iglesia, testimonio, reino, nación y anciano son sólo algunos ejemplos.

Las definiciones siempre derivan del contexto en que las palabras son utilizadas, y el contexto de Dios siempre ha tenido que ver con Su reino. Como hemos visto, su objetivo principal siempre ha sido que Su reino fuera administrado por Su pueblo. Toda la Escritura habla acerca del reino. Por lo tanto, el contexto más amplio de cualquier elemento en la Escritura es el reino.

Sabiendo que todo lo que Dios dice y hace es en el contexto de Su reino, entendemos que cualquier palabra que Él utilice debe ser interpretada en consecuencia. El problema es que, históricamente, no hemos tenido en cuenta este contexto. Por lo tanto, las palabras han cobrado un nuevo significado.

¿Qué significa el "reino" en Siloé, por ejemplo? Siloé fue gobernada por el sacerdote Elí. No era un reino. No tenía un rey. Sin embargo, si tu teología dicta que la palabra "reino" ocupa un lugar crucial en la expresión de tu fe, vas a tener que dar a esa palabra un significado en un contexto que no tiene que ver con el reino.

Para poder hablar el lenguaje del reino debemos volver a la escuela de idiomas y redefinir algunas palabras para recuperar su significado original.

Tomemos como ejemplo la palabra "iglesia". Teniendo en cuenta que el contexto de Dios para todo lo que hace en la tierra es Su reino, debemos reconocer que la definición original de iglesia era distinta de la que tenemos en la actualidad.

El origen de la palabra es el vocablo griego *ekklesia*, que no fue una palabra nueva que incorporó Jesús, sino que ya existía. *Ekklesia* era el vocablo que los griegos utilizaban para describir las asambleas legislativas públicas de los atenienses. En el contexto en el cual Jesús utilizó la palabra, la gente entendía que se refería a una asamblea política de ciudadanos en un antiguo estado griego. En otras palabras, *ekklesia* era un término gubernamental, no religioso.

Cuando Jesús lo utilizó para explicar el reino, Su audiencia sabía que Él quería que Su pueblo se organizara como una entidad de gobierno, y no como una entidad religiosa.

¿Qué ocurre cuando tratas de explicar la iglesia en un ámbito que no tiene en cuenta el reino? Simple: pierde su significado original. De hecho, desarrolla una falsa definición. Como resultado, dos personas pueden utilizar la misma palabra y hablar de cosas completamente distintas.

Lo mismo ocurre con muchas otras palabras. Cuando hablo acerca de esto, suelo utilizar un simple ejercicio para demostrar mi punto. Le pido a la gente que se abstraiga del contexto religioso. "No pienses en la iglesia", les suelo decir. "No pienses en el ministerio. No pienses en la Biblia. Aparta tu manera de pensar de lo religioso".

Cuando todos me confirman que lo han hecho, les pido que me definan algunas palabras. Por ejemplo, les pido que me ofrezcan su definición de la palabra "reino".

La gente me suele dar respuestas como "un reino es un país, estado o territorio que es gobernado por un rey o una reina".

Sin embargo, si hago la misma pregunta, pero en el contexto de la Escritura, recibo una definición completamente distinta. Recibo respuestas como "el reino es un lugar donde todos los creyentes pueden ser iguales" o "el reino es un lugar donde las iglesias de las distintas denominaciones pueden trabajar en unidad".

Este ejercicio demuestra cómo nuestro contexto religioso ha redefinido la terminología para encajar en nuestra cultura que no tiene en cuenta al reino y, por lo tanto, se ha perdido su significado original.

Lo mismo ocurre con la palabra "testimonio". Nuevamente, no se trata de un término religioso sino legal, al igual que ocurre con la palabra "testigo".

De hecho, muchos de los términos bíblicos son términos de gobierno y legislación en su origen. Sin embargo, les hemos dado una definición en el contexto de nuestra cultura religiosa.

La iglesia del mañana necesita un cambio. El cambio requiere que volvamos a aprender un lenguaje antiguo. Debemos revisar algunos de nuestros términos más básicos y desarrollar definiciones de reino para ellos, para que todos podamos entendernos.

LA ECONOMÍA DEL REINO

He tenido el privilegio de viajar a más de cuarenta países a lo largo de mi vida y he vivido durante períodos extensos de tiempo en tres continentes distintos. Crecí en los Países Bajos, viví como misionero en Sudáfrica durante casi tres años y llevo viviendo en los Estados Unidos desde el año 2006.

Esas experiencias pusieron de relieve lo importante que es la economía de una nación para la cultura. Cada uno de los lugares donde viví tenía una economía particular y distinta, lo cual había impactado en cada cultura. No sólo utilizaba distintas monedas en cada uno de estos lugares, sino que, además, el poder adquisitivo de cada moneda ha sido muy distinto.

En Sudáfrica, por ejemplo, utilizamos el rand que era increíblemente inestable. Su valor podía fluctuar a lo largo del año y siempre era ajustado en función de la "temporada turística". Estaba grabado en la cultura el hecho de que esto ocurriría, por lo tanto, mucha gente gasta su dinero de una determinada manera basados en el valor del rand en un determinado tiempo del año.

Incluso lo que se muestra en el dinero impreso comunica algo que es importante para la cultura de cada lugar. En los Países Bajos habíamos pasado de tener famosos líderes históricos o próceres en nuestro dinero (el florín holandés) a imágenes basadas en la Unión Europea. La introducción del euro tuvo un verdadero impacto en la cultura de los Países Bajos y otras naciones que eran parte de la unión.

En Sudáfrica, el dinero llevaba impreso los cinco grandes animales que son parte del orgullo de la cultura sudafricana: el elefante, el rinoceronte, el león, el leopardo y el búfalo africano. Por su parte, en los Estados Unidos, los billetes llevan impresos los rostros de expresidentes, líderes políticos y figuras históricas.

Cada uno de estos países trata el dinero de una manera distinta. El dinero fluye de distinta manera en cada lugar, dependiendo de la estructura política. Las leyes impositivas son distintas. La forma en que los gobiernos cobran los impuestos es distinta.

Todo esto para decir que la economía de una nación tiene un impacto muy importante en la cultura. Entonces, no debería sorprendernos que, al cambiar la cultura de una cultura de iglesia a una cultura de reino, haya un impacto en la economía.

La economía de un reino es distinta de la de una iglesia. La economía de Jerusalén era distinta a la economía de Siloé o Ramá.

¿Qué importancia tiene esto? Ocurre que la economía de una nación es como el sistema circulatorio del cuerpo. Si la economía está saludable y el dinero fluye, la nación florecerá y tendrá éxito. Pero si la economía está estancada, toda la nación sufrirá en consecuencia.

Es por eso que las "sanciones económicas" son tan poderosas y efectivas. En el tiempo del apartheid, el mundo impuso sanciones económicas a Sudáfrica, afectando su posibilidad de comerciar con los principales destinos del mundo. Esto tuvo un gran impacto en la economía y afectó los bienes y servicios a los cuales pudo acceder la gente.

Por ejemplo, cuando, con mi familia, nos mudamos a Sudáfrica en 2003, no había franquicias de Starbucks en todo el país. Difícil imaginarlo, ¿verdad? En la actualidad es distinto, pero en ese tiempo, la ausencia de algunas marcas internacionales era el resultado de las sanciones económicas impuestas.

Cuando una economía se apaga, se apaga todo el país. Financia una nación y la mantendrás viva.

Para movernos de una cultura de iglesia a una de reino, debemos hacer un cambio que acabará secando la economía del pasado y hará crecer exponencialmente la economía del futuro.

Suena emocionante y lo es, pero debemos estar atentos para entender lo que será necesario.

Así como en los días de José, él pudo ver una economía que se encontraba cambiando, Dios quiere mostrarnos hacia dónde estamos yendo, para que podamos prepararnos en el presente para lo que vendrá en un futuro cercano.

Volvamos a la historia de David y el cambio económico que Dios había declarado a través de Sus profetas. Durante el reinado de Elí, Dios profetiza a través de su siervo, que vendría un enorme sacudón económico. Él quería que el liderazgo en Siloé lo supiera para que se prepararan para lo que iba a ocurrir.

Leemos acerca de esto en 1 Samuel 2:33-36. Dios dice, a través de su profeta, lo siguiente:

"El varón de los tuyos que yo no corte de mi altar, será para consumir tus ojos y llenar tu alma de dolor; y todos los nacidos en tu casa morirán en la edad viril. Y te será por señal esto que acontecerá a tus dos hijos, Ofni y Finees: ambos morirán en un día. Y yo me suscitaré un sacerdote fiel, que haga conforme a mi corazón y a mi alma; y yo le edificaré casa firme, y andará delante de mi ungido todos los días. Y el que hubiere quedado en tu casa vendrá a postrarse delante de él por una moneda de plata y un bocado de pan, diciéndole: Te ruego que me agregues a alguno de los ministerios, para que pueda comer un bocado de pan".

Hay tanto por considerar en estos pocos versos. Analicémoslo sistemáticamente.

Un profeta se acerca a Elí un día y comienza a pintar un cuadro acerca del futuro. Comenzó diciendo que los *descendientes de su casa morirían en edad viril*. En otras palabras, había juicio sobre la casa de Elí. Elí había ejercido un buen servicio. No era una persona mala, pero no fue capaz de ofrecer el ámbito que Israel necesitaría para llegar a ser lo que debía ser. Como ya hemos visto, un gobierno encabezado por un sacerdote no puede administrar un reino. Dios básicamente le agradeció a Elí por su servicio, pero anunció que estaba listo para avanzar al próximo nivel. Anunció que "la casa de Elí" no tendría lugar en el futuro gobierno de Israel.

Luego, el profeta declaró de parte de Dios lo siguiente: *levantaré un sacerdote fiel, que haga conforme a mi corazón y a mi alma; y yo le edificaré casa firme y andará delante de mi ungido todos los días*. Con la posibilidad de ver la historia completa, nosotros podemos entender que estaba hablando del gobierno del Rey David.

Aún en los días de Elí, Dios declaró proféticamente que la casa de David sería establecida.

Pero esto es lo interesante: el profeta continuó y explicó el cambio económico que tendría lugar a la par del cambio de la casa de Elí a la casa de David.

Dijo: *"Y el que hubiere quedado en tu casa vendrá a postrarse delante de él (David) por una moneda de plata y un bocado de pan, diciéndole: Te ruego que me agregues a alguno de los ministerios, para que pueda comer un bocado de pan".*

El hombre de Dios declaró proféticamente que la economía de la casa de Elí se secaría para cuando la casa de David fuera establecida.

De nuevo te recuerdo que Elí no es una persona, sino que es un tipo profético de la iglesia y de la forma en que hacemos iglesia. Dios rechazó la casa de Elí y anunció el reinado de David. Básicamente dijo que más tarde o más temprano, la economía de la casa de Elí se secaría por completo. Y si no te alineas con la casa de David antes de que eso ocurra, sólo te quedaría la posibilidad de acercarte a David para *rogar que te agregue en alguno de los ministerios para poder comer un bocado de pan*.

Ya sea que lo queramos aceptar o no, la economía del reino de Dios es distinta de la economía de la iglesia. De hecho, es mucho mayor. Si dependes de la economía de la iglesia para comer, entonces es tiempo de que comiences a hacer algunos ajustes porque, lo que te alimenta hoy, no podrá alimentarte mañana.

Siloé, eventualmente, sufrirá sanciones económicas por su incapacidad para operar como reino.

Junto con la cultura de reino, llegará un cambio económico que impactará la iglesia como la conocemos de una manera dramática. Dios quiere que lo veamos, que nos reposicionemos económicamente y que formemos parte de Su nueva economía. Créeme, será mejor que lo que conocemos.

Como creyentes, debemos comenzar a invertir en el desarrollo del reino más que en la iglesia. Este tipo de ofrendas se verá radicalmente distinto de la manera en que hemos venido sembrando nuestro dinero. No te quedes como descendiente de Elí o acabarás rogando por un trabajo a David.

Sé que el dinero es un punto sensible para muchos, pero debemos reconocer que una parte importante del conflicto entre la iglesia de hoy y la del mañana tiene que ver con el cambio económico que, lentamente, va secando a una e impulsando a la otra hacia la prosperidad y el crecimiento.

Créeme, este cambio es ventajoso para todos. Dios nunca reemplaza lo viejo a menos que la gloria de lo nuevo sea mayor (Hageo 2:9). Lo que reconstruye siempre trasciende los límites de lo que fue derribado (Juan 2:19).

Puede que no sepamos, con precisión, lo que este cambio signifique para la iglesia como la conocemos, pero hay algo seguro. Requerirá de parte nuestra, la voluntad de dejar atrás la estabilidad financiera tradicional. Se necesita un tipo de economía distinto para construir un reino que para sostener una iglesia. El dinero fluirá de formas distintas y llegará a distintos lugares. Algunos lugares pueden resultar poco convencionales y tal vez hasta controvertidos en el contexto de lo que siempre nos ha sido enseñado. Sin embargo, mostrémonos abiertos para que Dios nos muestre el camino más alto, porque siempre existe.

Me refiero a una revelación progresiva; una revelación sobre el mismo tema que avanza a lo largo del tiempo a medida que Dios te muestra nuevas dimensiones.

Por ejemplo, cuando se trata de finanzas, solemos citar el libro de Malaquías. Enseñamos que la economía bíblica implica que seas fiel con tus diezmos y ofrendas citando Malaquías 3:8-10:

¿Robará el hombre a Dios? Pues vosotros me habéis robado. Y dijisteis: ¿En qué te hemos robado? En vuestros diezmos y ofrendas. Malditos sois con maldición, porque vosotros, la nación toda, me habéis robado. Traed todos los diezmos al alfolí y haya alimento en mi casa; y probadme ahora en esto, dice Jehová de los ejércitos, si no os abriré las ventanas de los cielos, y derramaré sobre vosotros bendición hasta que sobreabunde.

¡No podemos robar a Dios; tenemos que dar! Nuestros diezmos y ofrendas son cruciales para abrir las ventanas de los cielos. Además, no queremos invitar al devorador (Malaquías 3:11) a nuestras vidas a impedir que seamos bendecidos por Dios.

Hay una verdad en esto que todos los creyentes debemos entender, y lo hacemos: damos, para evitar que el devorador se robe nuestra bendición. Pero hay un entendimiento más profundo del mismo tema. Que a menos que alcances un punto de "muerte" en tu manera de dar, esa semilla no dará fruto. En Juan 12:24, Jesús lo explica de la siguiente forma:

De cierto, de cierto os digo, que si el grano de trigo no cae en la tierra y muere, queda solo; pero si muere, lleva mucho fruto.

Aquí vemos un mayor entendimiento del mismo tema. Claro que deseas dar para que las ventanas de los cielos se abran. Claro que deseas que el devorador sea reprendido. Todo eso está muy bien. Pero verás que nada de esto importa si "la semilla no muere". A menos que llegues al entendimiento de que mejor es dar que recibir, sin importar el retorno, la semilla no dará mucho fruto. La semilla que siembres tiene que morir antes de que tú veas la cosecha.

En otras palabras, da sin importar el resultado. Aunque la semilla no genere una cosecha, sigue dando. A eso se refiere cuando dice que la semilla debe "morir". Cuando das sin importar el retorno, es cuando realmente muere la semilla. Y cuando la semilla muere, produce mucho fruto.

¿Lo ves? Es el mismo tema, pero con un mayor entendimiento y revelación.

Pero ¿y qué si no acaba aquí? ¿Será que hay un nivel aún mayor de revelación acerca del mismo tema?

Antes dabas sólo porque no querías darle lugar al devorador en tu vida. Luego te diste cuenta de que había un nivel de entendimiento mayor; dar para que las ventanas de los cielos sean abiertas parecía ser la parte más superficial del tema. Al ir más profundo, entendiste que dar por el hecho de dar permite que la semilla muera. Mejor es dar que recibir. Ya sea que se abran las ventanas de los cielos, o no, tú das de todos modos.

Pero luego viene un momento de mayor revelación acerca de la verdad del dar. Una nueva dimensión del mismo tema. En lugar de esperar que las ventanas de los cielos se abran, comienzas a entender que TÚ eres una ventana que Dios puede decidir abrir y cerrar para derramar bendición sobre otros.

Entonces entendemos que, donde sea que estemos y donde sea que vayamos, somos ventanas a disposición de Dios. Él puede escoger, en cualquier momento, utilizarnos para ser una ventana de bendición. Nos puede abrir o cerrar a discreción. ¿Por qué? Porque somos bendecidos para bendecir a otros en el sentido de como Dios llamó a Abraham a que lo siguiera a un nuevo lugar con una promesa: "Y haré de ti una nación grande, y te bendeciré, y engrandeceré tu nombre, y serás bendición" (Génesis 12:2).

Como Jesús dijo: "Más bienaventurado es dar que recibir" (Hechos 20:35). Nosotros nos convertimos en ventanas que Dios puede abrir y cerrar para ser de bendición al mundo que nos rodea.

A esto me refiero cuando hablo de la revelación progresiva. El hecho de que en algún momento entendiste que tenías que traer tus *diezmos al alfolí* no significa que no haya nada más para entender al respecto. Dios nos quiere dar una revelación mayor que nos llevará a otro nivel. Una revelación que permitirá que nuestras mentes perciban un mayor entendimiento del mismo tema. Algo que redefinirá el "alfolí" en un contexto de reino.

Nunca te conformes cuando se trata de revelación. Siempre hay algo más para entender. Siempre hay un camino más alto que el que representa la forma en que hemos visto y hecho las cosas históricamente. Aunque hayamos enseñado algo de una determinada manera durante años, no quiere decir que no haya una realidad mayor.

Esto no significa que lo que hayamos enseñado esté mal. Simplemente significa que hay aún más que lo que antes podíamos ver. Permitamos que Dios redefina nuestra economía al movernos hacia un contexto de reino.

Así como el profeta habló a la casa de Elí acerca de un cambio económico, Dios está hablando a la iglesia de hoy para darnos la oportunidad de ser parte de algo mayor, algo más grande y algo mucho más próspero que lo que tenemos hoy.

¡Cambiemos!

CAPÍTULO OCHO

UN NUEVO TIPO DE REINO: UNA FAMILIA, NO UNA INSTITUCIÓN

E l objetivo de Dios es ver Su Reino manifestado en la tierra como lo es en el cielo, tal como oró Jesús. Dios prefiere una monarquía sobre cualquier otra forma de gobierno; Su dominio debe ser gobernado como un reino. Como sus hijos e hijas, hemos recibido el privilegio de ayudarlo a administrar este reino.

Debemos recordar que el hecho de que Dios desee un reino no significa que su reino se parezca a los reinos que conocemos. Dios sabe que Su reino ofrecerá a su pueblo la mejor infraestructura posible, el mejor clima económico y las mejores oportunidades de tener éxito en la vida.

Ahora bien, un reino necesita ciudadanos, gente que pueda beneficiarse de vivir en el reino. Y la principal diferencia entre el reino de Dios y los otros reinos es cómo son tratados los ciudadanos.

Es por eso que el "mensaje del reino" sólo está completo en el contexto de una comunidad. Dios nunca quiso un reino por el reino en sí mismo. Eso sería necio. Quiere un reino que sirva a una nación, a una comunidad de ciudadanos. Y lo ha querido desde el principio: Dios creó un dominio donde colocó al hombre para gobernar y extender el reino. Parte de esa expansión tiene que ver con multiplicar y poblar el reino.

Incluso después de la caída, Dios volvió a introducir la idea casi inmediatamente. En Génesis 12:2, Dios habló acerca de Su pacto con Abraham:

> *Y haré de ti una nación grande, y te bendeciré, y engrandeceré tu nombre, y serás bendición.*

Y en Éxodo 19:6, leemos lo que Dios le pide a Moisés que diga a Israel:

> *Y vosotros me seréis un reino de sacerdotes, y gente santa. Estas son las palabras que dirás a los hijos de Israel.*

Dios quiere dos cosas. Quiere un reino y quiere una nación que pueble y administre ese reino. No puede existir uno sin el otro. Es un paquete.

El reino que Dios fue diseñado para servir a su pueblo. Un reino como el de las demás naciones hacía que la gente sirviera al rey o la organización.

¿Notas la diferencia?

En el reino de Dios, los ciudadanos son, al mismo tiempo, Sus hijos. Esta es otra clara distinción entre el reino de Dios y cualquier otro reino.

En 2 Corintios 12:14 Pablo dice: "He aquí, por tercera vez estoy preparado para ir a vosotros; y no os seré gravoso, porque no busco lo vuestro, sino a vosotros, pues no deben atesorar los hijos para los padres, sino los padres para los hijos".

Bien lo dice Pablo: Dios no nos dio un reino para quitarnos algo, sino que nos dio un reino para aportarnos algo.

Samuel advierte los "síntomas" de tener un rey como el de las otras naciones:

UN NUEVO TIPO DE REINO 105

Y refirió Samuel todas las palabras de Jehová al pueblo que le había pedido rey. Dijo, pues: Así hará el rey que reinará sobre vosotros: tomará vuestros hijos, y los pondrá en sus carros y en su gente de a caballo, para que corran delante de su carro; y nombrará para sí jefes de miles y jefes de cincuentenas; los pondrá asimismo a que aren sus campos y sieguen sus mieses, y a que hagan sus armas de guerra y los pertrechos de sus carros. Tomará también a vuestras hijas para que sean perfumadoras, cocineras y amasadoras. Asimismo tomará lo mejor de vuestras tierras, de vuestras viñas y de vuestros olivares, y los dará a sus siervos. Diezmará vuestro grano y vuestras viñas, para dar a sus oficiales y a sus siervos. Tomará vuestros siervos y vuestras siervas, vuestros mejores jóvenes, y vuestros asnos, y con ellos hará sus obras. Diezmará también vuestros rebaños, y seréis sus siervos. Y clamaréis aquel día a causa de vuestro rey que os habréis elegido, mas Jehová no os responderá en aquel día (1 Samuel 8:10-18).

Lo que vemos aquí es una versión opuesta de lo que Dios tiene en mente para Su pueblo, Su familia. Un reino como el de las otras naciones hace que los ciudadanos sirvan a la "organización" en contraste con un reino que sirve a la nación que vive bajo su administración.

El reino de Dios fue diseñado para servirnos a nosotros, sus ciudadanos. Para generar un marco que nos impulse al éxito. Para proporcionarnos un ámbito como el Jardín del Edén. Un lugar de paz, armonía, autoridad y abundancia.

El reino de Dios en la actualidad es el relanzamiento de Su "proyecto del Edén".

Sin embargo, en un reino como el de las demás naciones encontrarás un clima muy distinto. En lugar de tener un ambiente preparado para que tengas éxito, te encuentras con un ambiente que exige que sus ciudadanos se inclinen para servir y sacrificarse por el bien mayor que es el de la organización y el rey.

Ahora bien, por supuesto que entiendo que servimos al Rey (Jesús) y que sacrificamos cualquier cosa para ayudar a edificar el reino de Dios. Pero hay una clara diferencia. El tipo incorrecto de reino crea un ambiente de alta presión que manifiesta el tipo de efecto secundario que describe Samuel.

Proverbios 29:2 dice:

> Cuando los justos dominan, el pueblo se alegra;
> Mas cuando domina el impío, el pueblo gime.

El reino de Dios debiera proporcionar un ambiente de alegría y gozo. Un clima que crea espacio para respirar, vivir y pensar por ti mismo. Si estás en un ambiente en el que te sientes sofocado espiritualmente y donde tu mejor esfuerzo no alcanza, debieras preguntarte si es realmente un lugar donde Dios gobierna. Si el clima especial en el que te encuentras no te brinda espacio para que pienses por ti mismo, es probable que estés en el lugar incorrecto.

Repasemos los efectos secundarios que describe Samuel nuevamente y fíjate si reconoces alguno en tu propia vida y en el ambiente en que te encuentras. ¿Alguna vez te sientes así?

- ¿El fruto de tu trabajo siempre es aprovechado por alguien más para sus propios objetivos?
- ¿La visión de la organización siempre está por encima de tus sueños y deseos?
- ¿Tus dones y talentos son considerados propiedad de la comunidad?
- ¿Alguien siempre tiene derecho a lo mejor en tu área?
- ¿Hay una presión constante para financiar a la institución cada vez que tienes una cosecha? O peor aún, ¿aunque no haya cosecha?

Si es así, puede que estés viviendo bajo el rey equivocado porque, en el reino de Dios, esos efectos secundarios no existen.

Por favor no malinterpretes lo que estoy diciendo. No estoy hablando en contra de los diezmos y las ofrendas, ni estoy diciendo que no quiera utilizar mis dones y mi éxito por el bien común. No es eso lo que estoy diciendo.

Lo que estoy diciendo es que los ciudadanos del reino de Dios no debieran sentir que es una carga pertenecer al mismo. De hecho, debieran recibir el fruto de ser parte del reino a diario. ¡El reino de Dios es justicia, paz y gozo (Romanos 14:7)!

¿Por qué? Porque el reino de Dios fue diseñado para hacer que florezcas y tengas éxito. No para controlarte y quitarte cosas. Ser parte del reino de Dios no debiera ser una carga para sus ciudadanos.

Recuerdo una vez que estuve enseñando, durante una semana, en un seminario bíblico. La escuela formaba parte de un ministerio internacional que era conocido por creer en una cultura de reino. Sin embargo, cuando entré en la sala de clases pude percibir lo opuesto de lo que yo considero que son las características del reino de Dios. Me sentía restringido, sofocado y desalentado a pensar por mí mismo.

La pista principal que revelaba que me encontraba en un lugar que servía al tipo de rey incorrecto fue que pude notar que la gente más comprometida parecía ser la más infeliz, la menos auténtica y con una marcada uniformidad entre quienes eran los "muy comprometidos".

Cuando comencé a enseñar acerca de la cultura de reino y a hacer referencia a los efectos secundarios de tener el tipo incorrecto de rey, la gente comenzó a abrirse y expresar su infelicidad. Y cuando uno de los líderes principales habló, en privado, conmigo acerca de cómo se sentía realmente (algo que no hubiera podido hacer en la cultura en la cual se encontraba), me di cuenta de que se encontraban en el reino incorrecto.

UNA NACIÓN SANTA

Analicemos la palabra "nación". Es otro de esos términos que deben ser definidos (o redefinidos) en el contexto de una cultura de reino. Nuestra definición moderna de nación prácticamente la considera un sinónimo de la palabra "país". Cuando hablamos de "las naciones del mundo", nuestras mentes, automáticamente, visualizan un mapa que definen los distintos países y sus ubicaciones geográficas.

Sin embargo, una nación no es un país. De hecho, no tiene nada que ver con la geografía. Una nación no está definida por un pedazo de tierra sino por un grupo de personas. Una nación hace referencia a un número grande de gente unida por una ascendencia, historia, cultura y lenguaje en común.

Cuando Dios dijo a Abraham y Moisés que quería que llegaran a ser naciones, Él estaba pensando en la GENTE. No en la tierra. Por supuesto que también quería (y hasta lo prometió) que su pueblo tuviera una tierra, pero esa tierra era un instrumento para que Dios hiciera de ellos *una nación grande* e hiciera que *su nombre fuera conocido* y que fueran *bendición*, de acuerdo a Su promesa.

Dios quiere una nación y le plació ofrecerle un reino.

La larga guerra entre la casa de Saúl y la de David, en buena medida tuvo que ver con la guerra entre una casa que se servía a sí misma y una casa que serviría a la nación.

Como la nación de Dios, no somos un país. No nos definen las líneas de un mapa ni el pasaporte que tengamos. Lo que une a una nación es la sangre. Una nación es familia.

Es decir, una nación, o un pueblo, nace de una persona. Los hijos de Israel eran considerados una nación porque eran de la simiente de Abraham. Eran su descendencia. La misma sangre corría por sus venas. Eran de la misma raza. Y así vemos cómo Dios siempre obra a través de

UN NUEVO TIPO DE REINO

los linajes. Obra generacionalmente. No sólo es el Dios de Abraham, sino que es el Dios de Abraham, Isaac y Jacob.

En lo natural, siempre que alguien nace, nace como parte de un pueblo. Todos nacen dentro de un linaje y son parte de una nación. Cuando naces holandés (como yo) siempre serás holandés. No es el pasaporte que tengas lo que define la nación de la cual formas parte sino la sangre que recibiste de tus padres. Puede que hasta vivas en otro país y tengas un pasaporte distinto, pero nada cambiará la sangre que corre por tus venas. Una nación es una nación por el hecho de que todos están unidos por una red de relaciones familiares.

Dios siempre ha querido una nación: ¡Siempre quiso una familia!

Él decidió dar a Su familia algo llamado reino y confiar en ellos para que lo ayuden a gobernarlo. El reino de Dios es su empresa familiar. Lo hacemos funcionar junto a Él.

Los reinos de otras naciones no operan de esa manera. No gestionan sus dominios como familia, sino que oprimen a sus ciudadanos y les ponen cargas para servirse a sí mismos.

El reino de Dios no es una institución. Es una familia. Y Él ha decidido extender su dominio a través de Sus hijos. A través de la Escritura, ha dejado claro que es esta estructura familiar la base de cómo Él edifica Su reino.

Jesús fue muy claro al respecto. Tenía claro que había dos temáticas acerca de las cuales debía hablar consistentemente. Las verás en todas Sus prédicas, enseñanzas y parábolas. Es más, en realidad es de lo único que hablaba.

Estos temas eran: "el reino de Dios" y la "familia". Lee los Evangelios: todo lo que Jesús compartió era acerca del reino de Dios y de Su padre. Hablaba de familia y hablaba de reino. Eso era todo. No sé en qué momento comenzamos a poner otras cosas en boca de Jesús, pero Él sólo habló de estos dos temas. Cuando lees la Biblia con estos lentes, queda muy claro.

Lo cierto es que todo el Antiguo Testamento nos enseña cómo el pueblo de Dios está conectado y cómo debiera organizarse.

¿Por qué es tan importante entender esto? Hay muchas razones, pero probablemente la más importante es que la familia nos define. Es nuestra identidad.

En nuestra cultura de no-reino podemos decir ser familia, pero, en realidad, lo que nos define es la organización. Piénsalo. Los domingos el pastor suele dar la "bienvenida a la familia a la casa del Señor". ¿Pero somos realmente familia?

Si realmente lo somos, la familia es para toda la vida. Nunca cambia. Pero en una cultura de no-reino, lo que te define es la organización; tu membresía en cierta congregación. El lugar donde adoras. En una cultura de no-reino, es común preguntar: "¿A qué iglesia asistes?" Tu pertenencia a cierta congregación es lo que te define.

Entonces, cuando te mudas a otra ciudad o estado, encuentras otra "familia" de la cual formar parte. Esto no hace otra cosa que demostrar que, aunque decimos ser familia, en realidad lo que nos define es la organización.

Dios siempre quiso una familia. Siempre quiso una nación. Desde el Jardín del Edén hasta el Apocalipsis, leemos y aprendemos acerca de la relación de Dios con Su familia y la nación con la que escogió hacer un pacto.

Él puso al hombre en el jardín y le ordenó multiplicarse. Él quería que un hijo creciera y dejara a su padre y a su madre para poder tener su propia familia (Génesis 2:24). Aun después de la caída la primera prioridad de

Dios fue volver a introducir Su deseo de tener una familia y prometió a Abraham que sus descendientes serían como las estrellas en el cielo.

La familia de Dios en la tierra siempre ha sido la prioridad de Dios. A lo largo del Antiguo Testamento, leemos la historia de cómo Dios desarrolló Su familia a través de Abraham, Isaac y Jacob, y cómo llegó a ser una nación que consistía de doce tribus.

A lo largo de la Biblia, la familia no estaba definida por la organización a la cual pertenecía la gente. Estaba definida por la sangre. Es por eso que el libro de los Números tiene largos capítulos llenos de genealogía que define a cada individuo. Define el árbol genealógico de la familia de Dios.

La identidad de las personas en el Antiguo Testamento estaba definida por las personas con las cuales estaba relacionado biológicamente.

La Biblia no habla de Josué, sino de Josué, *hijo de Nun*.

No habla de David, sino de David, *hijo de Isaí*.

En el reino de Dios, la familia nos conecta y nos define. No lo hace la organización.

Piensa en el pueblo judío. Están esparcidos por todo el mundo, pero están conectados como nación, como pueblo. Es una línea de sangre lo que los une y define. Yo soy, en parte, judío, y no puedo pensar en una sinagoga que sea particularmente famosa porque, en la cultura judía, nunca se trata de la organización. La identidad del pueblo judío no está definida por la sinagoga a la cual asisten. Es la sangre que corre por sus venas. No importa en qué lugar del mundo se encuentren, hay una conexión que no está definida por ninguna organización que los hace uno con el resto de los judíos.

Si no estás conectado a nivel familiar, lo único que puedes hacer para intentar crear esa sensación de unidad, es desarrollar una organización.

El profeta Malaquías entendió la importancia de esto. De hecho, los últimos versículos del Antiguo Testamento inducen a pensar que, al avanzar hacia el tiempo del Nuevo Testamento, el pueblo de Dios perdería la revelación de que eran una nación, una familia, lo cual era una maldición que debía ser rota.

En Malaquías 4:5-6, el profeta declaró:

> *He aquí, yo os envío el profeta Elías, antes que venga el día de Jehová, grande y terrible. El hará volver el corazón de los padres hacia los hijos, y el corazón de los hijos hacia los padres, no sea que yo venga y hiera la tierra con maldición.*

La tierra está maldita en ausencia de la familia de Dios; la mayoría de los problemas en la sociedad tienen su raíz en problemas de paternidad. Se podría escribir un libro entero al respecto, pero muchos de los problemas que encontramos en el mundo que nos rodea y en nuestras propias vidas es resultado de la falta de salud en la dinámica familiar. La raíz de los crímenes, el divorcio, la depresión, la disfuncionalidad y muchos otros males, muchas veces son consecuencia de la falta de una relación saludable con un padre en la vida de una persona.

La iglesia como la conocemos ha aprendido a funcionar como organización. No como familia. En consecuencia, no podemos ser un reino hasta que los corazones de los padres se vuelvan a los corazones de los hijos.

La profecía de Malaquías es una declaración del reino de Dios que restaurará la familia de Dios en la tierra. La guerra entre la casa de Saúl y la casa de David es, en parte, acerca de esta restauración. La tensión entre la iglesia organizacional que conocemos y la familia de Dios orgánica que Dios está restaurando.

LIDERAZGO DE LA PRÓXIMA GENERACIÓN

No fue hasta que David ascendió al trono que ocurrió algo notable, algo importante que no había sido posible antes de su reinado. Antes de David, ningún líder había podido lograr lo que él logró.

¿Qué fue lo que logró?

Transferir su reinado a su linaje. Piénsalo: ninguno de los líderes que precedió a David fue capaz de transferir su posición de liderazgo a la próxima generación dentro de su familia. La posta siempre fue transferida a alguien que no era familiar del líder.

Moisés, por ejemplo, pasó la posta a Josué que pertenecía a otra tribu.

Los otros jueces ni siquiera pudieron pasar la posta. Dicho de otra manera, sus ministerios murieron con ellos.

Los hijos de Elí eran corruptos.

Los hijos de Samuel no fueron mucho mejores.

Y, como ya hemos visto, el hijo de Saúl, Jonatán, murió en la misma batalla contra los filisteos en que murió Saúl (aun sabiendo que la unción de Dios estaba sobre David).

Ninguno de estos líderes fue capaz de transferir su liderazgo a sus hijos hasta David.

Jacob había profetizado a su hijo: *"No será quitado el cetro de Judá, Ni el legislador de entre sus pies, Hasta que venga Siloh; Y a él se congregarán los pueblos"* (Génesis 49:10). A través de estas palabras Dios declaró algunas cosas que es importante que entendamos.

En primer lugar, debemos entender que sólo la persona que tiene el cetro es el rey. Cuando Israel era aún sólo una pequeña familia, un clan, Dios declaró Su reino a través de Jacob.

Segundo, Jacob profetizó acerca de David. David pertenecía a la tribu de Judá y fue el primer rey verdadero de Israel.

Tercero, también declaró que el cetro no se *apartaría* de Judá, haciendo referencia a que sería heredado por generaciones. En otras palabras, Dios estaba hablando de Su dinastía, Su familia de reyes a través de David. A partir de David, el reino sería heredado por generaciones, lo cual, con el tiempo, nos lleva hasta Jesús, quien dio luz a una nueva nación de reyes –su iglesia–.

El reinado de David ofrece los planos de cómo debería ser la iglesia en la actualidad. Una dinastía real determinada por la familia y no por el nombre de un edificio. Una familia que no terminará por la muerte de una generación, sino que la posta será pasada por generaciones de manera efectiva hasta que el reino de Dios sea establecido en la tierra como lo es en el cielo.

PARTE 3

UN NUEVO PARADIGMA:
HACIENDO LA TRANSICIÓN

CAPÍTULO NUEVE

LA LLAVE PARA EL CRECIMIENTO DEL REINO: DERRIBANDO MUROS

En el segundo capítulo del libro de Zacarías, encontramos a un hombre con una cinta de medir camino a Jerusalén. Estaba apasionado y lleno de celo por construir la ciudad de Dios. Quería hacer lo correcto y contribuir a la fortaleza y efectividad de la ciudad de Dios:

> Y le dije: ¿A dónde vas? Y él me respondió: A medir a Jerusalén, para ver cuánta es su anchura, y cuánta su longitud. Y he aquí, salía aquel ángel que hablaba conmigo, y otro ángel le salió al encuentro, y le dijo: Corre, habla a este joven, diciendo: Sin muros será habitada Jerusalén, a causa de la multitud de hombres y de ganado en medio de ella. Yo seré para ella, dice Jehová, muro de fuego en derredor, y para gloria estaré en medio de ella (Zacarías 2:2-5).

El corazón de este hombre estaba en el lugar correcto. Amaba al Señor, estaba emocionado acerca de la ciudad de Dios, Jerusalén, y estaba comprometido a hacer su contribución para construir la ciudad. No parece haber nada malo con la imagen, ¿verdad? Es simplemente "otro día de trabajo" para este hombre, contento de ser parte de la obra del Señor, construyendo la ciudad de Dios.

Muchos de nosotros somos como este hombre. Estamos emocionados y comprometidos con la obra del ministerio. Queremos construir la ciudad de Dios. Nuestros corazones están en el lugar correcto y no podemos esperar a ver la "ciudad" terminada, para que pueda ser de bendición a tantos.

Sin embargo, hay más cosas que ocurren por debajo de la superficie. Un ángel entra en escena y detiene abruptamente al hombre en lo que estaba haciendo. Le digo algo así: "¿Qué crees que estás haciendo? ¿No sabes que Jerusalén será habitada como una ciudad sin muros?"

El ángel informó al hombre de algo muy importante que cambiaba todo lo referido a la actividad que el hombre estaba planeando. El ángel le hizo notar que Jerusalén, la ciudad que él estaba midiendo y ayudando a construir, no iba a tener muros.

¡Una revelación que cambiaba todo! Todo lo que el hombre había hecho y todo lo que planeaba hacer estaba basado en el supuesto de que, seguramente, la ciudad iba a tener muros. Todo su ministerio había sido fundado sobre esa suposición.

Sin embargo, Dios nunca tuvo la intención de que Jerusalén tuviera murallas.

Por una intervención sobrenatural, el hombre recibió una revelación que cambió su mundo para siempre. Recuerda que la herramienta principal que el hombre había llevado era una cinta para medir. Él era especialista en medir y en diseñar planos para ciudades amuralladas y se enteró de que la ciudad que estaba tratando de construir directamente no tendría muros.

LA LLAVE PARA EL CRECIMIENTO DEL REINO

Aquello en lo que se había especializado se había vuelto irrelevante a la luz de la nueva información. De alguna forma, debía desaprender lo que había aprendido a lo largo de toda su vida.

¿Cómo se mide una ciudad sin muros? ¿Cómo se elaboran planos para edificar una ciudad sin muros?

Básicamente, simplemente no se hace.

Sin embargo, Dios quiere una ciudad sin muros. ¡Dios le estaba haciendo ver a este hombre que lo que Él visionaba para la ciudad era inmensurable!

Dios le dijo: "¡Oye! ¿No lo sabes? Yo no puedo ser medido y tampoco puede serlo la ciudad que estoy construyendo". A continuación, le explicó también que la ciudad sería habitada por una multitud y que Él mismo sería un muro de fuego alrededor de ellos.

En otras palabras, donde sea que el pueblo de Dios esté, allí estará el muro. No porque lo hayamos construido sino porque Dios mismo será ese muro.

Impresionante.

Piensa por un momento en la siguiente pregunta: ¿Qué es una "cinta de medir"? Bueno, es una herramienta que hace referencia a un estándar que alguna vez fue creado por el hombre. No por Dios, sino por un hombre. Alguien, en algún momento de la historia decidió que un pie era un pie. De donde yo soy originario, en los Países Bajos, usamos el sistema métrico. Tenemos metros. El tema con los metros es que alguien, en algún momento, decidió que un metro era un metro. Definió un estándar y así quedó.

De allí en adelante, todo lo que se mide se mide según ese estándar. Toda cinta métrica creada desde ese entonces hace referencia al estándar de ese hombre.

¿Será que tenemos cintas de medir en nuestras mentes que hacen referencia a estándares que simplemente no se suponía que fueran nuestros estándares? ¿Es posible que estemos trabajando con supuestos que debieran ser puestos en duda? ¿Será que Dios está tratando de eliminar las cintas de medir con las cuales medimos nuestro trabajo?

Muchas veces tenemos "reuniones ministeriales estratégicas" para planificar cómo haremos crecer lo que estamos haciendo y fijamos parámetros de cómo lo debemos lograr. Sin embargo, Dios dice "Yo no puedo ser medido". No se puede diseñar una ciudad sin paredes. En el reino de Dios, cada persona debería dar a luz una expresión única e inesperada de quién es Dios. No puede ser medido. No puede ser planificado.

Al igual que el hombre con la cinta de medir, debemos entender esto para dejar de esforzarnos en fortalecer algo que no debíamos construir para empezar.

En una frase: el reino de Dios es fluido. No tiene muros. Fluye con la gente. Donde quiera que vayan, allí está Su reino.

¡Qué concepto interesante! ¿Verdad? Es exactamente lo opuesto a como estamos llevando adelante la iglesia. Construimos paredes y apuntamos a lo que se encuentra dentro de las paredes, le damos un nombre, ponemos un logotipo en el edificio y lo llamamos iglesia.

La ciudad de Dios, Su reino, no tiene paredes. Está conectada por sangre. Es una familia de gente que, colectivamente, a través de sus esfuerzos, administra y establece el reino de Dios.

"COMUNISMO ESPIRITUAL"

La conjunción de estas dos palabras puede haberte sorprendido. Al fin y al cabo, es sabido que el comunismo niega a Dios y se opone a las libertades y la plenitud del evangelio. *¿Qué tiene que ver el totalitarismo humano con lo espiritual?*

Bueno, por más que suene duro, creo que buena parte de la iglesia en la actualidad opera como una entidad "comunista". ¡Por favor sigue mi razonamiento! No estoy implicando que sea algo intencional por parte del liderazgo, si no que creo que la falta de una cultura de reino nos empuja inconscientemente a ese tipo de expresión de lo que creemos.

Permíteme explicarme.

Un gobierno comunista es dueño de todos los proyectos. En otras palabras, todo pertenece al estado. Todas las iniciativas son para el bien común.

Con eso en mente, no es muy difícil ver cómo podemos estar construyendo iglesias con características comunistas. Como líderes de iglesia, "plantamos iglesias" como ciudades amuralladas. Elegimos una ubicación, encontramos un edificio y le ponemos un nombre.

Al igual que en un gobierno comunista, el gobierno de nuestras iglesias es dueño de todos los proyectos. En última instancia, los líderes controlan todo desde adentro.

Una iglesia típica tendrá una variedad de departamentos que están bajo el control del liderazgo:

- Ministerio de niños
- Ministerio de matrimonios
- Grupos pequeños
- Escuela dominical

- Voluntarios
- Etcétera

Si eres miembro de una iglesia y has demostrado ser fiel a la organización, puede que seas seleccionado para ser líder en alguno de estos departamentos. Lo llamamos "lanzar a la gente al ministerio". Esto ocurre si asistes a las reuniones, si ofreces tu tiempo como voluntario, y si pagas tus diezmos y ofrendas. Entonces puedes ser considerado digno de ser líder de uno de los departamentos "de estado".

Ahora bien, imagínate que recibes una visión de parte de Dios de crear un "ministerio de payasos". Le cuentas a tu pastor acerca de tu sueño y te dice que lo pondrá en oración para considerar si debe añadirse ese departamento a la iglesia. Luego de algunas reuniones de directorio te dice que tiene "buenas noticias": se ha decidido lanzar un departamento de payasos en la iglesia como un ministerio oficial. ¡Y TÚ lo dirigirás!

Entonces comienzas a poner todo en funcionamiento y das inicio al ministerio de payasos bajo el paraguas de la iglesia. Pero resulta que lanzar un ministerio de payasos es más difícil de lo que parecía. Inviertes toda una temporada de tu vida para hacer que ocurra. Tu tiempo, tu energía y tu dinero son invertidos en aquello que sabes que Dios te ha llamado a hacer.

Finalmente hay un progreso. Las cosas comienzan a fluir. Todo va bien. Estás alcanzando a la gente. Comienzan a aparecer los voluntarios. Estás logrando armar un pequeño equipo. Comienzas a ver el fruto de la visión que ardía en tu corazón durante tanto tiempo.

Pero luego hay circunstancias de la vida. Puede que ya no puedas asistir a la iglesia todos los domingos. Hay razones justificadas para tu ausencia, pero no está siendo bien visto.

¿Estás comprometido con este ministerio o no?

LA LLAVE PARA EL CRECIMIENTO DEL REINO

Tal vez te has saltado algunos diezmos también. Tal vez con buenas razones. (Ya lo sé, no debería haber buenas razones, ¿verdad?)

¿Y ahora qué?

En la mayoría de los casos, en nuestra cultura de iglesia actual, serías "relevado" de tu posición como líder de departamento. El departamento que fue concebido por una visión que tú compartiste ha sido confiscado por el "gobierno" y será entregado a alguien más.

¿Por qué? Porque es la organización la que "posee" todas las visiones. Es la institución la que controla todos los proyectos. Cualquier cosa que se haga por fuera de la estructura es rotulada como una "iniciativa independiente", y tal vez hasta desestimada por tener un "espíritu de Absalón".

Lo quiero repetir: no digo que ninguno de nuestros líderes tenga la intención de actuar como "comunista". Pero el odre que hemos estado utilizando en nuestras iglesias exige este tipo de comportamiento. No puede producir algo distinto.

Al igual que el hombre que se dirigía a Jerusalén con una cinta de medir, estamos suponiendo que necesitamos muros si estamos construyendo la ciudad de Dios.

Lo cierto es que no podemos administrar el reino desde Siloé. No podemos ser reyes en Ramá. debemos mudarnos a un lugar donde la cultura de reino pueda ser la norma. Un lugar donde se puedan desarrollar odres nuevos y donde la visión pertenezca al pueblo, no al "estado".

El reino de Dios es una empresa de libre mercado donde la visión de la nación pertenece al pueblo.

Hechos 2:16-17 habla acerca de lo que ocurre cuando el Espíritu de Dios es derramado sobre la gente:

Mas esto es lo dicho por el profeta Joel: Y en los postreros días, dice Dios, Derramaré de mi Espíritu sobre toda carne, Y vuestros hijos y vuestras hijas profetizarán; Vuestros jóvenes verán visiones, Y vuestros ancianos soñarán sueños...

Cuando Dios derrama Su Espíritu en algún lugar, ocurre algo profundo. Algo más profundo y poderoso que cualquier milagro. Claro que Dios puede sanar al ciego y levantar a los muertos. Puede hacer que los paralíticos caminen y los sordos oigan. Pero cuando Dios derrama Su Espíritu en la gente, ocurre algo mucho más poderoso.

¡El anciano que hacía mucho tiempo había perdido sus sueños, volverá a soñar!

Los jóvenes de quienes el mundo dice que "nunca lograrán nada" recibirán una visión de parte de Dios.

Esos sueños y esa visión manifestada en la tierra harán que se extienda el reino de Dios.

Al cambiar de una cultura de iglesia a una cultura de reino, como líderes estaremos facilitando un ambiente propicio para que Dios derrame Su Espíritu sobre toda la gente. El resultado será que la gente, la nación, sea quien se apropie de la visión, no la institución.

El reino de Dios provee visión y sueños para su gente. Esa visión y esos sueños son los que extienden y hacen crecer el reino. El pueblo del reino de Dios es dueño de la visión del reino. No sólo serán algunos individuos selectos, si no que "toda carne" tendrá sueños.

Es importante entender esto porque requiere un tipo de gobierno totalmente distinto para generar un ambiente propicio a esto. No puede ocurrir en Siloé o en Ramá. Todo demandará un cambio.

AMURALLANDO UNA CIUDAD VS. ADMINISTRANDO UN REINO

Históricamente, hemos construido la iglesia como una estructura amurallada porque nuestro corazón ha estado en el lugar equivocado, pero sobre todo porque entendíamos que era lo mejor que podíamos hacer. Crecimos en Siloé y en Ramá, pero no tenemos referencia de un reino. Crecimos bajo sacerdotes y profetas y, en algunos casos, algún rey de otra nación. Nunca experimentamos, realmente, una verdadera cultura de reino.

¿Cómo se administra y desarrolla un reino? Claramente no haciendo lo que siempre se ha hecho. Un reino no se extiende levantando muros. De hecho, debemos derribar los muros que hemos edificado en el pasado para que Su dominio crezca.

La expansión del reino no ocurre a partir del control. Ocurre a través del empoderamiento de la gente para vivir sus sueños.

La mayoría de los líderes del ministerio estarían de acuerdo, conceptualmente, con esta afirmación, pero a nivel práctico estamos tan acostumbrados al odre viejo que, por defecto, tendemos a crear una cultura de control. Esto se llama memoria muscular. Simplemente no tenemos ningún otro punto de referencia de otra forma de gobierno.

Si realmente queremos ver un cambio hacia la cultura de reino, será necesaria una forma de gobierno totalmente distinta. Una que revolucione la forma en que hacemos iglesia. Una cultura que, por defecto, no pueda hacer otra cosa que derribar muros y eliminar el control. No estamos "declarando la guerra" a la forma en que se hacen las cosas, pero somos una cultura de reino emergente que traerá conflicto por su propia naturaleza. El resultado será que los muros caigan.

¿Cuál es la diferencia entre construir una ciudad amurallada y administrar un reino? Para tener una idea, retrocedamos cuatrocientos años al momento en que los Peregrinos desembarcaron del barco Mayflower en Plymouth Rock.

Las personas a bordo eran delegados del rey de Inglaterra. Habían sido enviados por el monarca para expandir su reino y la comunidad de Inglaterra.

Al llegar, entraron en territorio no explorado. La historia del Mayflower es la historia del origen de lo que hoy llamamos los Estados Unidos. El tiempo entre 1620 y la actualidad nos muestra la historia de cómo se desarrolló este nuevo mundo.

¿No es sorprendente todo lo que ocurrió en sólo cuatro siglos?

Es tanto lo que ha sido desarrollado en un período de tiempo relativamente corto. ¿Cómo es posible? Bueno, la principal razón es la forma en que operaba la forma de gobierno del reino de Inglaterra. No enviaba gente a establecerse en Massachusetts, construir una estructura amurallada, ponerle nombre e invitar a la gente de alrededor a unirse a "la ciudad". La mentalidad de la gente era totalmente distinta.

Plantaron la bandera inglesa cuando desembarcaron y declararon que este nuevo territorio era propiedad del rey. Establecieron un puesto de comando que se convirtió en la administración gubernamental del reino en lugar de ser el centro. Desde allí se administraba la actividad. Esto es muy distinto a tener un centro donde toda la actividad ocurre.

Posteriormente, el territorio se extendió a causa de la visión de la gente, no de la institución.

Una persona quería crear una panadería. Otra, una carnicería. Otros se involucraron en la agricultura o la manufactura. Los esfuerzos acumulados de todos los ciudadanos resultaron en la expansión del reino. El reino no estaba limitado por una estructura amurallada, sino que era

LA LLAVE PARA EL CRECIMIENTO DEL REINO

desarrollado a través del empoderamiento de la gente para realizar los sueños que estaban en sus corazones.

Piensa, por ejemplo, en la ciudad de Nueva York. Nadie la planificó. La ciudad se convirtió en una ciudad porque la gente que estaba allí en algún punto tuvo un sueño, una visión de algo específico que querían hacer con sus vidas. Al actuar en función de esa visión y al manifestar sus sueños, la ciudad llegó a ser lo que es hoy.

Nadie está a cargo de la ciudad. Nadie la controla. Sin embargo, colectivamente, es propiedad de la nación.

Por supuesto que hay ley y orden, reglas y ordenanzas, pero no hay una entidad que controle y sea dueña de toda iniciativa que ocurre en Nueva York. La ciudad llegó a ser lo que hoy es a partir de la manifestación de los sueños de las personas que viven en ella.

Esta es la diferencia entre una ciudad amurallada y lo que acabo de describir. Requiere un tipo distinto de gobierno y una mentalidad absolutamente distinta. Si vamos a adoptar una mentalidad de reino en la cultura de nuestra iglesia, será necesario que los líderes hagamos un cambio total de paradigma. Algo que, por defecto, derribe completamente las estructuras que hemos construido y redefina todo lo que conocemos acerca de cómo "hacer iglesia".

El problema de las ciudades amuralladas es que no pueden crecer por estar limitadas por los muros. En los Países Bajos, donde crecí, hay ciudades históricas amuralladas y otras que tenían canales alrededor del centro de la ciudad. Todo ocurría dentro de esos límites; la vida florecía allí. Sin embargo, cuando la ciudad alcanzaba su máxima capacidad, era necesaria una expansión.

La única forma de que esto ocurriera era construyendo una nueva muralla que extendiera el perímetro o cavando un nuevo canal con el mismo objetivo. Es cierto que la ciudad se expandía para crecer de esta manera, pero era mucho el esfuerzo invertido en crear un nuevo límite. El nuevo muro se convertía en un nuevo límite. El nuevo canal definía la nueva restricción que condicionaría la ciudad. Todo el tiempo, energía y dinero invertido en crear un nuevo muro sólo producía un incremento marginal en la capacidad. El retorno de inversión no existía.

Así es como siempre hemos construido iglesias también. Levantamos un edificio y "traemos a la gente" hasta que alcanzamos la máxima capacidad. Entonces lanzamos una campaña para recaudar fondos para construir un edificio un poco más grande que pueda albergar el crecimiento.

Tengo que ser honesto contigo. Esto me deprime. Incluso la idea de liderar una iglesia fuerte de 20.000 miembros me parece pequeña en el contexto de reino. No puedes construir una ciudad de esa manera, mucho menos un reino. Es el paradigma equivocado.

En el contexto de una cultura de reino, hasta una iglesia de 20.000 miembros es pensar pequeño. No porque queramos crear "iglesias más grandes", sino que la cultura y la administración de reino tiene el potencial de desarrollar algo mucho más grande que una gran organización.

Necesitamos un liderazgo y una forma de gobierno que nos permita vivir nuestros sueños y apropiarnos de nuestra visión para que, en poco tiempo, podamos ver mucho crecimiento y avance. La multiplicación no puede ocurrir en una ciudad amurallada. La multiplicación ocurre cuando permitimos que cada ciudadano del reino viva su sueño.

CAPÍTULO DIEZ

UN NUEVO HORIZONTE: VIENDO A LA IGLESIA DE OTRA MANERA

A continuación, quiero ilustrar las diferencias entre la forma en que tradicionalmente hemos desarrollado las iglesias y cómo lo haría una administración de reino. Lo haré compartiendo una experiencia de cuando era adolescente, viviendo en una casa de discipulado que pertenecía a la iglesia de la cual formaba parte en ese tiempo.

Uno de los diez jóvenes que vivíamos en ese lugar, un buen amigo mío, compartió una visión que tuvo.

En ella, vio lo que describió como un estadio que parecía un Coliseo. Tenía cinco niveles con lugares donde la gente podía sentarse y ver lo que ocurría en el centro. La estructura de los cinco niveles representaba los cinco ministerios que Pablo menciona en Efesios 4 (apóstoles, profetas, evangelistas, pastores y maestros). Representaban la estructura que permitía que las masas fueran equipadas dentro del estadio, donde, de tanto en tanto, había algo de entretenimiento.

Un gladiador aparecería en el centro del estadio para pelear y todos lo alentaban. Había mucho ruido y emoción mientras el gladiador enfrentaba y vencía a su oponente. Los gladiadores eran héroes por luchar esas batallas. Eran el centro de la actividad. Eran celebridades a las cuales todos se querían parecer. La gente soñaba que, tal vez, algún día llegarían a ser gladiadores. Era el máximo llamado.

Luego, la escena que vio mi amigo cambió. Ahora veía un estadio con el interior hacia afuera. Los cinco niveles ahora estaban orientados hacia afuera y la gente que antes miraba hacia el gladiador en el centro, ahora veía hacia el horizonte, donde el cielo se encontraba con la tierra, a la distancia.

El gladiador seguía adentro, pero ya nadie lo miraba porque su panorama había cambiado. Su paradigma había sido alterado completamente. Las posibilidades de lo que ellos podían visionar para sus vidas se habían expandido de sólo llegar algún día a ser gladiador, a poder ser, básicamente, lo que quisieran ser. La estructura de los "cinco ministerios" seguía presente pero la orientación había cambiado. Ahora impulsaba a la gente hacia afuera en lugar de impulsarlos hacia adentro.

La visión de mi amigo me recordó las ilustraciones que vemos de cómo Israel acampaba en el desierto. Tienen a Dios y el tabernáculo en el centro con las doce tribus acampando alrededor. Estaban preparados para crecer. No hay nada que los limite; nada que les impida extenderse. Están conectados con el núcleo, pero pueden extenderse libremente hasta el horizonte.

La visión que mi amigo compartió ese día define perfectamente el cambio que estamos viviendo. Estamos yendo de un modelo del exterior hacia el interior (iglesia) a uno que va del interior al exterior (reino).

La única forma de que el modelo del interior al exterior funcione es que haya una nueva generación de líderes que pueda abrazar completamente la cultura de reino. Un dominio que tendrá un clima y un ambiente tal que sus ciudadanos tengan sus propios sueños y visiones para sus propias vidas. Un ambiente de reino que no impondrá limitaciones a sus ciudadanos y, por lo tanto, tampoco limitará el crecimiento del reino en sí.

¡El agua viva no fue creada para ser embotellada!

Explicaré esta declaración porque creo que añade otro ejemplo visual de lo que significa el cambio hacia una cultura de reino.

¿Cuál es la forma del agua? Depende, ¿verdad? La forma del agua está determinada por la forma y el tamaño del recipiente en el cual es vertida. Por ejemplo, cuando el agua es vertida en un vaso, el agua asume la forma del vaso en el cual se encuentra contenida. De hecho, es científicamente imposible que el agua tome cualquier otra forma que no sea la de su contenedor.

Sin embargo, el agua tiene la cualidad única de meterse en cualquier grieta si la dejamos correr naturalmente. Cuando permitimos que el agua haga lo que quiere, tiene la increíble habilidad de alcanzar lugares que nada más puede alcanzar.

El agua es una metáfora utilizada a lo largo de la Biblia, que refleja el hecho de que es el mayor recurso que Dios nos ha dado para traer vida al mundo que nos rodea. Hay más de cien versículos que hablan acerca del "agua viva" que Dios nos da como creyentes. El agua viva tiene la habilidad de alcanzar cada rincón de la sociedad si le permitimos fluir como lo hace naturalmente. Es decir, siempre y cuando no pongamos el agua en un contenedor que le impida alcanzar los rincones de la tierra. Es como una "ciudad amurallada".

¿Será que, como líderes de la iglesia, hemos creado sistemas y estructuras que se han convertido en contenedores que limitan la forma que asume el agua, de modo tal que sólo existen dentro de las formas que ofrecen nuestras organizaciones?

¿Es posible que hayamos convertido nuestro mayor recurso (agua viva) en un recurso no-líquido, impidiendo que sea intercambiado en el mercado abierto? En el mundo de los negocios tanto los bienes líquidos como los no-líquidos pueden tener muchísimo valor. Sin embargo, la totalidad del valor de un bien no-líquido no es accesible si queremos utilizarlo ya mismo.

Algunas de las ciudades de nuestro país que tienen el mayor número de iglesias per cápita parecen enfrentar las mayores dificultades con problemas como la pobreza, el crimen y la violencia. De alguna manera, nuestro mayor recurso no es suficientemente líquido como para mojar las grietas de la sociedad y solucionar algunos de nuestros problemas más básicos.

Al meditar en esto, he llegado a la conclusión de que muchas veces limitamos la forma del agua viva que nos ha sido confiada con las cuatro paredes de nuestro ministerio simplemente porque hemos adoptado falsos supuestos como verdaderos. Hemos sido llamados a darle una nueva forma al agua y a volver a dar "liquidez" a este recurso para que podamos, verdaderamente, alcanzar la cultura y tener un impacto en la sociedad. Para lograrlo debemos desaprender algunas "verdades" básicas que nos impiden ser efectivos como iglesia.

Hay algunos conceptos que me han ayudado a ser un "líder más líquido". Los comparto con la esperanza de que te ayuden a darle una nueva forma al agua que llevas, así como me han ayudado a mí.

En el Nuevo Testamento, muchas de las historias que Jesús compartió estaban orientadas a corregir conceptos erróneos. Por ejemplo, en Mateo 13 leemos la renombrada parábola del trigo y la cizaña. El problema con estos pasajes es que los conocemos tan bien que creemos haber extraído todo el aprendizaje posible de ellos. Un tema que esta parábola aborda es la tendencia que tenemos a separarnos del mundo que nos rodea.

Les refirió otra parábola, diciendo: El reino de los cielos es semejante a un hombre que sembró buena semilla en su campo; pero mientras dormían los hombres, vino su enemigo y sembró cizaña entre el trigo, y se fue. Y cuando salió la hierba y dio fruto, entonces apareció también la cizaña. Vinieron entonces los siervos del padre de familia y le dijeron: Señor, ¿no sembraste buena semilla en tu campo? ¿De dónde, pues, tiene cizaña? Él les dijo: Un enemigo ha hecho esto. Y los siervos le dijeron: ¿Quieres, pues, que vayamos y la arranquemos? Él les dijo: No, no sea que al arrancar la cizaña, arranquéis también con ella el trigo. Dejad crecer juntamente lo uno y lo otro hasta la siega; y al tiempo de la siega yo diré a los segadores: Recoged primero la cizaña, y atadla en manojos para quemarla; pero recoged el trigo en mi granero (Mateo 13:24-30).

Los sirvientes del hombre en la historia (nosotros) tenían la tendencia a separar la cizaña del trigo que había sido sembrado en el mismo campo. Jesús les explica que "el campo es el mundo" (v.38). ¿Adivina qué? Para alcanzar el mundo, debemos estar en el mundo. Además, habrá "cizaña" creciendo entre nosotros.

En lugar de tratar de aislarnos de las cizañas, tenemos que crecer donde hemos sido plantados. ¡Deja que ambos crezcan hasta que llegue el tiempo de la cosecha!

Esto me trae al segundo punto. De niño, siempre me gustó ver los grandes mapas que indicaban el recorrido de los viajes de Pablo para predicar el Evangelio hasta los confines de la tierra. Cada viaje de Pablo estaba indicado con una línea de puntos que unía país con país y ciudad con ciudad.

Muchos años más tarde me di cuenta de que los recorridos que indicaban esas líneas no eran los mismos que verías al marcar en un sitio web de viajes, el recorrido ideal de tus vacaciones. Las líneas de puntos de Pablo representaban las rutas de comercio. Él no se unió a un grupo de turistas que estaban en un crucero recreativo. Fueron los buques mercantes los que lo llevaron del punto A al punto B.

¡Lo cierto es que el Evangelio siempre ha viajado a través de las rutas de comercio!

El comercio ocurre en toda esfera y segmento de la sociedad. Al permitir que forme parte de la infraestructura y modelo distributivo del reino, seremos capaces de alcanzar, de manera orgánica, cada rincón de nuestras comunidades. Entender esto nos hace repensar la forma en que lideramos nuestras iglesias.

El noventa y ocho por ciento de la gente en las iglesias no trabaja para la iglesia. La mayoría de los cristianos tiene trabajos en el mercado, y no me refiero sólo a empresas tradicionales. Me refiero a todo tipo de comercio que crea cultura, incluidos los deportes, el arte, el entretenimiento, la política, la educación y mucho más. Como líderes de la iglesia, debemos aprender a aprovechar el hecho de que nuestra gente ya se encuentra viviendo y trabajando "en cada rincón de la tierra". Al permitirles crecer donde han sido plantados, le daremos nueva forma al agua para que pueda alcanzar esos rincones hasta que veamos la cosecha.

Sin embargo, la mayor parte de nuestro esfuerzo está enfocado en iniciativas para fortalecer el status quo y para mantener nuestro mayor recurso en estado no líquido. No necesitamos un nuevo programa o proyecto para "alcanzar el mundo". Todo lo que necesitamos es derribar los muros que limitan la forma del agua para permitirle fluir hacia los lugares donde recibe menor resistencia.

Como ya vimos en Zacarías 2, una ciudad sin muros no puede ser medida. Lo que Dios quiere hacer no puede ser medido.

La ciudad de Dios es fluida. Es líquida. Seamos líderes líquidos y ayudemos a darle nueva forma al agua en nuestro tiempo.

EL REINO DE DIOS ES COMO FACEBOOK

Algunos años atrás, viajé a los Países Bajos a ministrar. Iba de camino a una iglesia muy pequeña en el este del país cuando el Espíritu Santo me dio una parábola.

Me dijo: *El reino de Dios es como Facebook.*

Al principio me pareció una afirmación extraña. ¿Qué tenía que ver Facebook con el reino de Dios? No tenía ningún sentido.

En esa época, Facebook ya llevaba un tiempo de existencia y estaba experimentando un crecimiento explosivo en todo el mundo. No había estado creciendo incrementalmente, sino que lo había hecho exponencialmente en un período de tiempo muy corto.

Al reflexionar y orar al respecto de esta afirmación, Dios comenzó a mostrarme los paralelos entre Facebook y Su reino: Facebook es un dominio al cual todos están invitados. Todos son bienvenidos a unirse a Facebook, al igual que todos son bienvenidos en el reino de Dios.

Pero el hecho de que estés invitado no quiere decir que puedas unirte como quieras. Sigue existiendo un protocolo, una "forma legal" de entrar al dominio. Aunque algunas parejas tienen una cuenta conjunta, oficialmente, no está permitido acceder a través de cuentas ajenas. El dominio está diseñado para el acceso individual siguiendo ciertas reglas.

Una vez dentro de Facebook, hay ciertas reglas, protocolos y pautas éticas que debes seguir. Por ejemplo, no puedes utilizar tu acceso para abusar de tus relaciones y apuntar a sus amigos para vender algún producto de alguna empresa multinivel. Si los algoritmos de Facebook detectan esta conducta, eres "bloqueado" o temporalmente suspendido para ciertas actividades.

Tampoco puedes utilizar la identidad de otra persona –su foto o su correo electrónico– para ingresar al dominio. Tu identidad deberá ser verificada antes de que puedas comenzar a operar en el "reino de Facebook".

Así que sí hay, hasta cierto punto, "ley y orden" dentro de este dominio. Sin embargo, una vez que estás dentro del ecosistema de Facebook hay una enorme libertad para ser quien quieras ser. Puedes expresarte como quieras. Puedes subir tus fotos. Puedes dar "me gusta" a lo que quieras y puedes consumir el contenido que prefieras.

Incluso puedes desarrollar tu propio círculo de amigos como quieras. Nadie te obliga a ser amigo de nadie. Depende de ti cómo construyes tu comunidad. De hecho, el resultado de este principio es que no existe ningún círculo de amigos idéntico al tuyo.

Si tienes una visión en particular, puedes crear tu propio grupo de Facebook o página e invitar a quien quieras. Y ellos mismos pueden decidir si quieren, o no, unirse a tu iniciativa. No hay rencores si alguien no se une a tu grupo. La forma en que cada individuo desee expresarse dentro del ecosistema de Facebook queda a total discreción de la persona. En consecuencia, ningún perfil es igual a otro. La expresión de cada persona dentro del ecosistema es única.

Tal vez, como líderes de iglesia, deberíamos aprender de esto. Yo aprendí mucho al meditar en esta parábola. Comencé a darme cuenta de que, en nuestra cultura tradicional de iglesia, tendemos a desarrollar una atmósfera que, por defecto, exige lo opuesto a lo que acabo de escribir.

Mientras más "comprometida" esté una persona con la visión de la iglesia, más uniforme será esa persona en comparación con el resto de las personas "comprometidas". Mientras más comprometida esté una persona con un ministerio, más parecido se volverá su círculo de amigos y su comunidad al del resto de las personas muy comprometidas con la visión.

Como miembros altamente comprometidos con la iglesia, nos volvemos mucho más propensos a tener las mismas actividades que todas las otras personas altamente comprometidas con la iglesia. La cultura que desarrollamos (a veces sin intención) impulsa a la gente a hacer las mismas cosas, con la misma gente, al mismo tiempo. Oramos los lunes, los martes tenemos estudio bíblico, los miércoles nos reunimos en grupos pequeños, etc. Al poco tiempo hablamos igual, actuamos igual, nos vestimos igual y nos comportamos igual que todos los demás en nuestra pequeña ciudad amurallada.

Mientras más "comprometidos" estemos, más nos parecemos a todos los demás que están comprometidos.

Esto es lo opuesto a la cultura del reino de Dios. En su reino, cada individuo es impulsado hacia la autenticidad e identidad personal. Sí, al igual que Facebook, el reino de Dios es lo que nos hace uno. Pero dentro del reino, hay mucho espacio. No hay muros. El territorio abarca toda la tierra.

Es un lugar seguro para llegar a ser quien Dios quiere que seas.

CAPÍTULO ONCE

SACRIFICIO SOBRE EXCELENCIA: EL CORAZÓN DEL CAMBIO

Cuando hablo acerca del pensamiento de adentro hacia afuera a cualquier grupo de líderes del ministerio, casi siempre están de acuerdo con lo que comparto, al menos en lo conceptual. Pero estar de acuerdo con el paradigma no es suficiente. Debemos hacer un cambio importante. Un cambio que es simbolizado y comunicado proféticamente por la mudanza de David a Jerusalén.

Él sabía que las "capitales" históricas de Israel no eran lugar adecuado para dirigir un reino. Siloé y Ramá no eran aptas para reyes. Debía mudarse a un nuevo lugar. Cuando lo hizo comenzó a ver éxito en cada lugar al que iba.

A nivel personal, yo me encuentro en una posición interesante. Por un lado, soy un líder ministerial, pero por otro lado soy un empresario y líder en el mercado. Dirijo varias compañías y la mayor parte de mi tiempo la paso en el mundo de los negocios.

El otro día conversaba con un amigo que está en una situación similar a la mía. Nos llevamos bien porque los dos somos una especie de anomalía. Él me contaba cómo hace 15 o 20 años, dedicarse a los negocios era mal visto entre los líderes del ministerio. Prácticamente era considerado una distracción de lo que realmente importaba: ¿Por qué habrías de enfocarte en los negocios y en hacer dinero si sabes que Dios te ha llamado?

Yo recuerdo haber experimentado una dinámica similar y cómo se me desalentó a involucrarme en los negocios. Dios me había llamado al ministerio y yo debía confiar en que Él me cuidaría. Eso me decían. No hay necesidad de estar "en el mundo". Estar involucrado en negocios era considerado algo malo. No estaba suficientemente centrado en la iglesia.

Hemos avanzado mucho en tan sólo una década. Ese enfoque dualista es algo que es rechazado por la mayoría de los líderes de ministerio modernos. El centro de la iglesia está cambiando de la visión de la iglesia tradicional a una visión de reino. Y para ser parte de este cambio debemos hacer las maletas e irnos de Siloé.

Si bien la mayoría de los líderes de la iglesia en la actualidad han abrazado la idea de que existe algo llamado "negocio de reino", no llegan a entender que "la iglesia en el mercado" no puede operar desde Siloé. No se puede hacer negocios del reino allí. Tampoco en el ambiente propiciado por Ramá.

Pero la clave es la siguiente. Tampoco se puede hacer un *ministerio* de reino desde Siloé o Ramá. Ambos deben mudarse. Tanto los líderes de mercado como los líderes ministeriales deben mudarse a un nuevo lugar donde puedan, finalmente, coexistir.

"Jerusalén" es el único lugar donde el ministerio y el mercado pueden colaborar.

Si, como líderes ministeriales, realmente queremos colaborar con líderes del mercado, requerirá que ambas partes hagamos un cambio

SACRIFICIO SOBRE EXCELENCIA

radical. Ninguno debería existir en una cultura de iglesia. Ambas partes deberían alejarse de los paradigmas existentes y adoptar la cultura del reino si realmente deseamos estar en un lugar donde podamos coexistir.

"La casa de David" está destinada a crear ese tipo de ambiente y ayudarnos a migrar a Jerusalén, un lugar desde donde el reino de Dios puede ser administrado. Un lugar que, no sólo tiene un modelo de liderazgo orientado de afuera hacia adentro, sino que también representa un lugar donde los odres viejos han sido completamente abandonados.

Veamos el cambio de David con mayor detenimiento. Él tenía claras sus prioridades. Lo primero que hizo fue asegurarse que el arca del pacto fuera parte del viaje, algo que Saúl nunca había hecho. David buscó el arca de la casa de Abinadab, donde había permanecido durante más de 20 años. Hay algo que debemos aprender de aquí: David sabía que tenía que asegurarse de que la presencia de Dios lo acompañara.

Esto no ocurrió sin errores. No debería extrañarnos, considerando que David no tenía referencia para comparar lo que hacía. De alguna manera, estaba "improvisando". Más allá de Saúl, David no tenía ejemplo de nadie que hubiera ido antes que él. Y Saúl definitivamente no era un modelo a seguir.

En 2 Samuel 6:3-15 leemos acerca del error que cometió David como rey:

> *Pusieron el arca de Dios sobre un carro nuevo, y la llevaron de la casa de Abinadab, que estaba en el collado; y Uza y Ahío, hijos de Abinadab, guiaban el carro nuevo. Y cuando lo llevaban de la casa de Abinadab, que estaba en el collado, con el arca de Dios, Ahío iba delante del arca. Y David y toda la casa de Israel danzaban delante de Jehová con toda clase de instrumentos de madera de haya; con arpas, salterios, panderos, flautas y címbalos.*
>
> *Cuando llegaron a la era de Nacón, Uza extendió su mano al arca de Dios, y la sostuvo; porque los bueyes tropezaban. Y el furor de Jehová*

se encendió contra Uza, y lo hirió allí Dios por aquella temeridad, y cayó allí muerto junto al arca de Dios. Y se entristeció David por haber herido Jehová a Uza, y fue llamado aquel lugar Pérez-uza, hasta hoy.

Y temiendo David a Jehová aquel día, dijo: ¿Cómo ha de venir a mí el arca de Jehová? De modo que David no quiso traer para sí el arca de Jehová a la ciudad de David; y la hizo llevar David a casa de Obed-edom geteo. Y estuvo el arca de Jehová en casa de Obed-edom geteo tres meses; y bendijo Jehová a Obed-edom y a toda su casa.

Fue dado aviso al rey David, diciendo: Jehová ha bendecido la casa de Obed-edom y todo lo que tiene, a causa del arca de Dios. Entonces David fue, y llevó con alegría el arca de Dios de casa de Obed-edom a la ciudad de David. Y cuando los que llevaban el arca de Dios habían andado seis pasos, él sacrificó un buey y un carnero engordado. Y David danzaba con toda su fuerza delante de Jehová; y estaba David vestido con un efod de lino. Así David y toda la casa de Israel conducían el arca de Jehová con júbilo y sonido de trompeta.

Hay tanto para aprender de este suceso. Tratemos de desarrollarlo.

NO SÓLO NUEVO, TAMBIÉN CORRECTO

En primer lugar, vemos que David estaba comprometido al "cambio". Sabía que no podía permanecer en el lugar desde donde las generaciones que le antecedieron gobernaron. Debía establecerse en otro lado. Así se encaminó hacia Jerusalén, la ciudad de David.

El error que cometió fue poner a Uza a cargo. Uza no era una mala persona; seguramente era bueno. Evidentemente, había ganado la confianza de David a lo largo de los años, a tal punto que el rey lo puso a cargo de un movimiento importante.

SACRIFICIO SOBRE EXCELENCIA 145

En general, Uza es presentado como alguien que no sabía lo que estaba haciendo. El tipo que metió la pata. Ha sido tratado como el villano en muchos sermones, siendo marcado como aquél que hizo que el primer proyecto de David como rey fallara.

Pero yo siento mucha empatía por él.

Piénsalo. Uza no tenía un punto de referencia de lo que era un verdadero reino. El único rey que había conocido era Saúl y no se le había enseñado cómo se trataba el arca del pacto. De hecho, la única referencia que tenía Uza era cómo los filisteos, enemigos de Israel, la habían tratado.

¿Y qué habían hecho ellos? Después de capturar el arca de Elí y sus hijos, los filisteos la regresaron a Israel a consecuencia de varias plagas que les habían sobrevenido. Decidieron que era una mala idea conservar el arca porque les había traído mala suerte.

En 1 Samuel 6:7-8, leemos lo que los líderes espirituales filisteos aconsejaron:

> Haced, pues, ahora un carro nuevo, y tomad luego dos vacas que críen, a las cuales no haya sido puesto yugo, y uncid las vacas al carro, y haced volver sus becerros de detrás de ellas a casa. Tomaréis luego el arca de Jehová, y la pondréis sobre el carro.

Samuel estaba al mando en el momento en que el arca del pacto fue regresada a Israel. Durante décadas se habló de este día, recordando a todo el mundo el milagro ocurrido.

Cuando le tocó a Uza coordinar el siguiente movimiento, lo lógico fue utilizar el mismo método. Había sido hecho así anteriormente, ¿por qué no hacerlo de nuevo? ¿Por qué arreglarlo si no está roto?

Uza simplemente adoptó el método que había sido exitoso en el pasado.

¡Grave error! Pero ¿quién puede culparlo?

Los eventos que se desencadenaron confundieron a David al punto de que estaba, al mismo tiempo, ENOJADO y ASUSTADO.

Si así iba a ser, ya no estaba tan seguro de querer seguir adelante. Tuvo una espiral emocional descendente al punto de no saber si seguía interesado. Necesitaba un descanso. Tiempo para pensar. ¿Era el cambio algo que Dios quería? ¿Cómo podía ser, si el resultado había sido la muerte de uno de sus delegados de mayor confianza?

Fue todo muy confuso. ¿Qué había hecho mal?

David había puesto el arca en un carro nuevo, tal como había sido hecho antes. Luego se aseguró de que hubiera un ambiente de adoración. Se aseguró de que hubiera música para el Señor con todo tipo de instrumentos de madera de haya, arpas, salterios, panderos, flautas y címbalos. Reunió al mejor equipo de alabanza.

Entonces, ¿qué era lo que había hecho tan mal que mereciera la consecuencia que habían visto? Simplemente no era esto para lo que se habían apuntado. Claro que cuando Samuel le ofreció el puesto, el día que lo ungió para ser el futuro rey de Israel, aceptó, pero esto no estaba en la descripción del puesto.

David necesitaba tiempo para pensar y abortó la misión para tomarse tres meses sabáticos.

Dejó el arca a un lado, en la casa de Obed-Edom. Pero después ocurrió algo interesante. El Señor permaneció en la casa de Obed-Edom durante esos tres meses. Y el Señor bendijo a Obed-Edom y a toda su casa.

Notable. La misma presencia que había matado a Uza ahora bendecía a Obed-Edom y a todos los que estaban en su casa.

SACRIFICIO SOBRE EXCELENCIA 147

Esto debió ser más confuso aún. Sin embargo, al mismo tiempo ofrecía algo de esperanza; esperanza de que no todo estaba tan mal. Tal vez David sólo se había perdido algún detalle importante.

Algo le había quedado claro después de su tiempo sabático: el arca de Dios tenía la capacidad de bendecir, así como tenía la habilidad de maldecir a quienes la maltrataran. Este entendimiento le permitió recuperar la confianza necesaria para intentarlo nuevamente.

La conclusión de David fue que no quería adoptar lo que había funcionado para los filisteos. Cuando el arca había sido devuelta en los días de Samuel, fue meramente una restitución de algo que se había perdido, y no algo nuevo que permitiría al pueblo de Dios avanzar en Su plan eterno para la humanidad. Era un "modelo" de algo que había sido hecho y tolerado por Dios, cuando fue implementado por los filisteos, enemigos de Israel.

David comenzó a entender que no podía repetir el pasado. Esta vez las cosas debían ser hechas de otra manera.

No se trataba del equipo de alabanza.

No se trataba de tener un carro nuevo.

Ser "nuevo" no era el único requisito. También debía ser hecho de la forma "correcta".

Verás, el arca no fue hecha para ser movida en un carro (tratada como parte de un sistema que debía ser seguido) sino por los sacerdotes que Dios había llamado para que la llevaran. La presencia y el gobierno de Dios debía ser llevado en los hombros de los Levitas (Deuteronomio 31:9).

CUESTA TODO

Durante su tiempo de descanso, David se dio cuenta de que no debía mirar a la "historia de la iglesia" para deducir la estrategia para el futuro. No, sino que debía ver el panorama general y escuchar lo que Dios había declarado desde el principio.

Al meditar qué podía hacer distinto, reunió el valor para intentarlo de nuevo, con algunos ajustes importantes.

Esta vez no se utilizó un carro hecho por hombres. En su lugar, David puso Levitas a cargar el arca sobre sus hombros.

La segunda cosa que hizo fue simplificar el equipo de alabanza. Ya no había instrumentos de cuerdas, panderos y címbalos. La música seguía teniendo lugar, pero ya no era lo mismo. El sonido de la trompeta alcanzaba para esta ocasión. Puede parecer algo escaso, pero David había empezado a entender que no se trataba de cuánto "espectáculo" había.

La clave era el sacrificio. Como leímos anteriormente, 2 Samuel 6:13-14 dice:

> Y cuando los que llevaban el arca de Dios habían andado seis pasos, él sacrificó un buey y un carnero engordado. Y David danzaba con toda su fuerza delante de Jehová.

Imagínate. Cada seis pasos, David sacrificaba un buey y un carnero engordado, a lo largo de todo el camino desde la casa de Obed-Edom hasta Jerusalén.

De acuerdo a algunos expertos, la distancia entre la casa de Obed-Edom y Jerusalén era de unas diez millas. Eso quiere decir que David hubiera tenido que detenerse por lo menos unas 7500 veces para hacer los sacrificios. Estamos hablando de una enorme cantidad de animales.

No pienses sólo en el número de animales sino también en el tiempo que tomó hacer tantas ceremonias. ¡Todo esto mientras bailaba con todas sus fuerzas!

Aquí la lección que aprendemos tiene que ver con el sacrificio. El equipo de alabanza no puede compensarlo. El cambio entre "iglesia" y "reino" requiere mucho más. Es un cambio que nos costará todo. Requiere que dejemos atrás todo lo viejo. Todo lo que ha funcionado en el pasado. Tratar de acortar el proceso al hacerlo de otra manera puede resultar muy costoso.

En Daniel 2:44, el profeta dice que "en los días de estos reyes el Dios del cielo levantará un reino que no será jamás destruido, ni será el reino dejado a otro pueblo; desmenuzará y consumirá a todos estos reinos, pero él permanecerá para siempre".

En Lucas 20, Jesús narró la parábola de los labradores que maltrataron a los siervos que el dueño de la viña envió, llegando incluso a matar al hijo del dueño. En los versículos 17-18 dice:

Pero él, mirándolos, dijo: ¿Qué, pues, es lo que está escrito: La piedra que desecharon los edificadores Ha venido a ser cabeza del ángulo? Todo el que cayere sobre aquella piedra, será quebrantado; mas sobre quien ella cayere, le desmenuzará.

La roca de ese reino caerá sobre nosotros o nosotros caeremos sobre ella. De todos modos, dolerá. La diferencia está en ser quebrantado por ella o desmenuzado.

Uza murió tratando de hacer las cosas de la forma tradicional. La historia de Uza nos ofrece un ejemplo de lo que no debemos hacer. No podemos cometer el mismo error.

Lo que Dios exige de nosotros es TODO.

No podemos simplemente poner las máquinas de humo y hacer todo como siempre lo hemos hecho. No es la excelencia lo que nos llevará a Jerusalén. Será necesario sacrificio y entrega total.

David danzó vestido con su efod; estuvo dispuesto a desvestirse y convertirse en sacerdote delante de la presencia del Rey de reyes. Sí, él era el verdadero rey de Israel, pero estaba dispuesto a resignar su reino, y eso es lo que lo calificaba para llegar a ser un hombre conforme al corazón de Dios.

David no era perfecto y sin embargo llegó a ser el primer rey verdadero de Israel. El rey cuyo cetro no se apartó de su casa. Su reino fue heredado por generaciones, pasando por Jesús y llegando a nosotros.

Debemos tomar ese cetro para reinar una vez más y traer de vuelta la cultura de reino siguiendo el modelo que nos dejó David. No será gratis. No será fácil. Requerirá sacrificio y la disposición a echar por tierra nuestras coronas al punto de llegar a vestir sólo un efod de lino.

Pero la recompensa es grande. Dejemos Siloé. Vayámonos de Ramá.

¡Jerusalén! ¡Aquí vamos!

SACRIFICIO SOBRE EXCELENCIA

CAPÍTULO DOCE

ENTRENANDO PARA REINAR: EL ÁRDUO CAMINO HACIA EL REINADO

El conflicto en el cual nos encontramos es inevitable. No es una guerra que nosotros declaramos, sino una guerra con la cual nos encontramos. A medida que Dios hace avanzar Su reino en la tierra, aquellos que se alineen con lo que Él está haciendo se encontrarán en conflicto con el pasado.

La batalla entre la casa de Saúl y la casa de David fue el resultado de la decisión de Dios de seguir adelante con Su plan original, que era dar a su pueblo un reino. No un reino como el de las otras naciones sino uno que ofreciera el ámbito adecuado para que Su pueblo pudiera prosperar en la tierra.

Saúl era la manifestación del deseo de un rey como el de las otras naciones. Un rey que, por defecto, manifestaría efectos contrarios a lo que Dios tenía en mente para Su pueblo.

En cierta forma, Saúl estaba destinado al fracaso. Para empezar, él ni siquiera quería el trabajo, y cuando lo obtuvo falló al no hacer el cambio necesario. Se volvió un rey sólo por el título, que gobernó desde un lugar del pasado. Ungido como rey en Ramá, la ciudad de Samuel, y designado rey en Mizpah, una de las "sedes" de Samuel, Saúl regresó a su casa en Gabaa. No hubo un progreso con respecto a lo que había heredado del pasado.

Saúl fue rey, pero las características del reino que llevó adelante no eran las del reino de Dios. Sin embargo, en el pueblo se hablaba de que Dios había dado a Su pueblo un reino. El "mensaje del reino" se había vuelto común entre la gente. Sin embargo, el reino que se había manifestado no se parecía en nada al verdadero reino de Dios.

La situación debe haber sido confusa. Los profetas habían hablado de un reino. Ahora habían ungido y levantado un rey para que liderara sobre un reino. Sin embargo, no era el tipo que Dios tenía en mente cuando creó los cielos y la tierra.

Cuando las cosas son designadas como algo que no son, se crea confusión. Veamos algunas de las principales diferencias entre el reino de Saúl y el de David, entre lo que fueron y lo que deberían haber sido. Es una buena ilustración del tipo de reino con el cual estamos lidiando.

DE LOS HOMBROS PARA ARRIBA MÁS ALTO

Cuando Saúl es presentado en 1 Samuel 9:2 se lo describe como sigue:

> *Y tenía él un hijo que se llamaba Saúl, joven y hermoso. Entre los hijos de Israel no había otro más hermoso que él; de hombros arriba sobrepasaba a cualquiera del pueblo.*

Saúl era "Míster Israel", el muchacho más bien parecido de la nación. No sólo era atractivo, sino que también era el más alto. De hecho, le llevaba más de una cabeza a todos. Su aspecto físico comunicaba simbólicamente su régimen autoritario al cual llamó reino.

La casa de Saúl opera bajo un modelo de liderazgo donde el líder es un poquito más que todos los demás. No estoy menospreciando el rol de liderazgo y el poder de toma de decisiones que todo líder debería tener. Pero la altura de Saúl simbolizaba su supremacía sobre todos los demás.

SÓLO DOS ESTABAN EQUIPADOS

Saúl era un gladiador. Aparte de él, sólo su hijo Jonatán contaba con una espada. Nadie más tenía armas. Las armas de guerra eran sólo para gente especial.

1 Samuel 13:22 lo describe así:

> *Así aconteció que en el día de la batalla no se halló espada ni lanza en mano de ninguno del pueblo que estaba con Saúl y con Jonatán, excepto Saúl y Jonatán su hijo, que las tenían.*

¡Qué manera de ir a la batalla! ¿Cómo pretendían ganar la batalla con esta mentalidad?

Alguien dijo alguna vez que hay dos maneras de tener el edificio más alto de la ciudad. Puedes derribar todos los edificios que son más altos que el tuyo o puedes construir un edificio más alto que todos los existentes.

Creo que la mentalidad de Saúl era como la primera opción. Tal vez no quería tener el edificio más alto, pero definitivamente quería seguir siendo el líder supremo. En lugar de equipar a los demás para la batalla y hacer que se distribuyeran armas en toda la nación, despojó a todos de sus armas. Esto, sin dudas, lo haría el mejor guerrero de la nación. Además, dar espadas a los demás podía ser algo peligroso; alguno podría traicionarlo y tratar de tomar el trono.

El reinado de Saúl estuvo caracterizado por la inseguridad y el temor. Esa inseguridad lo llevó a empujar a todos los que lo rodeaban hacia abajo. El temor a la competencia lo llevó a limitar el derecho exclusivo a encabezar batallas a su hijo Jonatán y a sí mismo.

Desafortunadamente, la propia espada que guardó con exclusividad para sí mismo eventualmente acabó con su vida.

LIDERAZGO POR INTIMIDACIÓN

Por un momento, Saúl fue verdaderamente ungido por Dios para ser rey. Es cierto que no duró mucho, pero él fue efectivamente ungido por Dios.

Sin embargo, el solo hecho de haber sido ungido no significa que tu carácter esté a la altura de la unción. Claramente, Saúl no era un hombre "conforme al corazón de Dios".

1 Samuel 11:6-7 narra la siguiente historia:

> *Al oír Saúl estas palabras, el Espíritu de Dios vino sobre él con poder; y él se encendió en ira en gran manera.* Y tomando un par de bueyes, los cortó en trozos y los envió por todo el territorio de Israel por medio de mensajeros, diciendo: Así se hará con los bueyes del que no saliere en pos de Saúl y en pos de Samuel.

¡Qué loco! ¿Verdad? Por un lado, el Espíritu de Dios vino sobre Saúl, y por otro la ira de Saúl se encendió a tal punto que cortó en pedazos dos bueyes. Luego dio esos pedazos a los mensajeros para que reunieran las tropas para ir a la guerra. Finalmente envió una advertencia de que si alguien no respondía al llamado sería cortado como los bueyes.

Dicho de otra manera, estaba liderando a partir de la intimidación. Era un matón. Si la gente no seguía su liderazgo se debía enfrentar a las consecuencias.

¡Vaya forma de liderar! Sólo se podían hacer las cosas a su manera.

Saúl no quería que nadie estuviera entrenado para la guerra, pero cuando necesitaba que luchen a su lado en una batalla, les pedía que se involucraran y si no lo hacían, serían lastimados.

El hecho de que Saúl haya sido ungido como rey no significa que su carácter haya sido desarrollado. Su temor e inseguridad lo llevaron a liderar a su pueblo a través de la intimidación.

Confuso: por un lado, era evidente que el Espíritu de Dios estaba, pero por otro, algo andaba mal.

El hecho de que una persona haya sido ungida no justifica una mala conducta. Saúl es un claro ejemplo de eso.

TOMAR PARA SÍ MISMO

Saúl dirigió un reino para servirse a sí mismo. Todo en el reino estaba orientado a servirle a él. 1 Samuel 14:52 dice:

> *Y hubo guerra encarnizada contra los filisteos todo el tiempo de Saúl; y a todo el que Saúl veía que era hombre esforzado y apto para combatir, lo juntaba consigo.*

Cualquiera que tuviera un don o algún valor era reclamado por Saúl como su propiedad. Cualquiera que tuviera algún tipo de don era apropiado por él.

En lugar de soltar a las personas para que utilicen sus dones y lleven adelante sus propias vidas con los talentos que Dios les había dado, él los tomaba para sí para que lo ayudaran a construir su pequeño imperio.

INCLINARSE ANTE LA CULTURA, NO ANTE DIOS

Muy temprano en el reinado de Saúl, Dios ya había decidido rechazarlo. 1 Samuel 13:7-14 nos cuenta lo que ocurrió:

> Y algunos de los hebreos pasaron el Jordán a la tierra de Gad y de Galaad; pero Saúl permanecía aún en Gilgal, y todo el pueblo iba tras él temblando.
>
> Y él esperó siete días, conforme al plazo que Samuel había dicho; pero Samuel no venía a Gilgal, y el pueblo se le desertaba. Entonces dijo Saúl: Traedme holocausto y ofrendas de paz. Y ofreció el holocausto.
>
> Y cuando él acababa de ofrecer el holocausto, he aquí Samuel que venía; y Saúl salió a recibirle, para saludarle.
>
> Entonces Samuel dijo: ¿Qué has hecho?
>
> Y Saúl respondió: Porque vi que el pueblo se me desertaba, y que tú no venías dentro del plazo señalado, y que los filisteos estaban reunidos en Micmas, me dije: Ahora descenderán los filisteos contra mí a Gilgal, y yo no he implorado el favor de Jehová. Me esforcé, pues, y ofrecí holocausto.
>
> Entonces Samuel dijo a Saúl: Locamente has hecho; no guardaste el mandamiento de Jehová tu Dios que él te había ordenado; pues ahora Jehová hubiera confirmado tu reino sobre Israel para siempre. Mas ahora tu reino no será duradero. Jehová se ha buscado un varón conforme a su corazón, al cual Jehová ha designado para que sea príncipe sobre su pueblo, por cuanto tú no has guardado lo que Jehová te mandó.

Samuel había dado a Saúl una instrucción clara. Debía esperarlo antes de comenzar el sacrificio. Sin embargo, cuando la obediencia le comenzó a costar a Saúl que se fuera la gente, su inseguridad lo impulsó a dar a la gente lo que querían con tal de que no se fueran.

Saúl se inclinó ante lo que pedía la gente. Incluso explicó su decisión a Samuel; dijo que le había parecido bien en el momento. La gente se estaba yendo así que decidió darle lo que la gente pedía.

Fue en ese momento que el profeta declaró que el reinado de Saúl había sido rechazado. En cuanto las demandas del pueblo se volvieron más importantes para Saúl que las demandas de Dios, su reino le fue quitado.

LA EXIGENCIA DE UNA LEALTAD IRRACIONAL

La lealtad es maravillosa siempre que esté bien ubicada. Saúl tenía una habilidad especial para crear una lealtad irracional de parte de su hijo Jonatán.

Como mencioné anteriormente en el libro, todos somos hijos de Saúl; todos somos como Jonatán. Nos encontramos en medio de un conflicto.

Es interesante leer cómo Jonatán veía y trataba a David. Su lealtad hacia David es notable. 1 Samuel 20 describe una historia donde Jonatán escogió el bienestar de David por sobre la voluntad de su padre. Y en 1 Samuel 23:16-18 va aún más lejos y confiesa abiertamente lo que cree acerca del futuro de David:

> *Entonces se levantó Jonatán hijo de Saúl y vino a David a Hores, y fortaleció su mano en Dios. Y le dijo: No temas, pues no te hallará la mano de Saúl mi padre, y tú reinarás sobre Israel, y yo seré segundo después de ti; y aun Saúl mi padre así lo sabe. Y ambos hicieron pacto delante de Jehová; y David se quedó en Hores, y Jonatán se volvió a su casa.*

Para Jonatán estaba claro que David sería el próximo rey. Hasta le declaró su lealtad al decir que estaría a su lado. Incluso hicieron un pacto ese día.

Sin embargo, había algo en Saúl que lograba volver a llevar a Jonatán a su lado. A pesar de la revelación que tenía, a pesar de la lealtad que había mostrado hacia David en el pasado, a pesar de las promesas que hizo, y a pesar del pacto vigente, cuando llegaba la hora de la verdad, Jonatán tomó la decisión irracional de unirse a su padre en la batalla, decisión que le costaría la vida.

Hay algo en "la casa de Saúl" que encanta a la gente. Algo que les impide separarse de ella para ir por algo que saben que es mejor. Saúl exige una lealtad irracional hasta la muerte, y de alguna manera logra que sus hijos respondan a esa exigencia.

Al igual que Jonatán, al encontrarnos en medio de este conflicto, tendremos que lidiar con algo que es increíblemente fuerte y que busca atraernos nuevamente hacia algo que sabemos que no tiene futuro.

No acabes como Jonatán, quien murió a causa de haber permanecido leal a la causa incorrecta, a pesar de haber tenido una revelación en contrario.

EL TRAYECTO HACIA EL VERDADERO REINADO

En cierta medida me siento mal por Saúl. Él nunca tuvo la ambición de llegar a ser rey; es más, creo que nunca se le cruzó por la mente. 1 Samuel 9-10 relata la historia de su trayecto hacia el reinado y, a decir verdad, es bastante increíble.

Saúl estaba buscando las burras de su padre que se habían extraviado por razones que no estaban claras. Llevaba ya un tiempo buscando las burras sin suerte. Antes de volver a su casa, el siervo de Saúl sugirió visitar a Samuel como un último intento de obtener algo de información profética acerca de dónde estaban los animales.

Lo último que cruzó por la mente de Saúl fue lo que sucedería. Sí, el profeta ofreció una visión profética acerca del paradero de las burras, pero, además, Samuel tomó aceite y ungió a Saúl como rey de Israel. También describió con detalle lo que Saúl experimentaría en los siguientes siete días, lo cual le sería de confirmación de que lo que acababa de ocurrir era real.

En 1 Samuel 10:9 leemos:

Aconteció luego, que al volver él la espalda para apartarse de Samuel, le mudó Dios su corazón; y todas estas señales acontecieron en aquel día.

El trayecto de Saúl al reinado duró literalmente siete días. En un instante su vida había cambiado. ¡De la noche a la mañana se había vuelto una sensación!

Nada lo podría haber preparado para la tarea que tenía por delante. Él no la quería. De hecho, estaba inseguro y se escondió entre el bagaje cuando Samuel, en Mizpa, trataba de anunciar que él sería rey.

Estaba destinado a fracasar porque no estaba preparado.

Lo cierto es que no existen atajos para llegar a un verdadero reinado. Hay un trayecto a través del cual un rey es desarrollado. David no se volvió un hombre conforme al corazón de Dios en un instante. Tenía sus falencias y algunos problemas de carácter que tuvo que trabajar antes de llegar a ser ese hombre.

A diferencia del recorrido de Saúl, a David le tomó décadas llegar a ser rey. El recorrido de David, lentamente, lo fue convirtiendo en el hombre que tenía que ser para poder liderar en el reino de Dios.

La Biblia nos enseña que cuando David todavía era muy joven Dios comenzó a prepararlo para su futuro, en un tiempo en que todavía no conocía el destino que Dios tenía para él.

1 Samuel 17:34-36 relata lo que David dijo a Saúl:

> *Tu siervo era pastor de las ovejas de su padre; y cuando venía un león, o un oso, y tomaba algún cordero de la manada, salía yo tras él, y lo hería, y lo libraba de su boca; y si se levantaba contra mí, yo le echaba mano de la quijada, y lo hería y lo mataba. Fuese león, fuese oso, tu siervo lo mataba.*

David había tenido victorias en batallas que enfrentó cuando nadie lo veía que lo prepararon para las batallas que tendría que enfrentar en el futuro. Esto lo calificó para el paso siguiente en su recorrido: el llamado.

1 Samuel 16 relata cómo Samuel ungió a David como rey en una reunión de un pequeño grupo familiar. No fue un evento público. Sólo unos pocos atestiguaron el momento en que Samuel declaró el destino del futuro rey. David no estaba listo para ser rey todavía, pero la semilla profética fue sembrada ese día.

La unción sobre su vida se volvió tan evidente que comenzó a abrir puertas para David. ¡Puertas grandes! Fue invitado a formar parte del equipo de alabanza de Saúl. La música de David calmaba a Saúl cuando se angustiaba por saber que el reino le había sido quitado.

El profeta Samuel había hablado. Saúl sabía que era sólo cuestión de tiempo para que fuera removido del trono. Sin embargo, la gente todavía no estaba al tanto de la palabra profética que indicaba que el reinado de Saúl llegaría a su fin.

David sirvió a Saúl con todas sus fuerzas. Yo creo que eso es, precisamente, lo que lo califica como un hombre conforme al corazón de Dios.

ENTRENANDO PARA REINAR 163

Cuando la oportunidad apareció, David se ofreció voluntariamente a enfrentar al gigante Goliat. Estaba listo. Sabía que en el reino de Dios no hay lugar para el temor. El pueblo de Dios no podía permanecer paralizado por una intimidación.

Goliat había estado desafiando a los escuadrones del ejército de Dios durante demasiado tiempo. Sus palabras habían hecho que el ejército de Israel retrocediera vez tras vez. Cada vez que el gigante salía, el pueblo de Dios huía aterrorizado. Entraron en un ciclo de salir a la batalla listos para pelear sólo para volver huyendo inmediatamente.

Esto había sucedido durante cuarenta días. Los israelitas se armaban de valor cada mañana en su reunión de oración. Gritaban y declaraban victoria. Sin embargo, cuando la reunión de oración terminaba, se retiraban atemorizados. Nada cambiaba. El reino que representaban no era capaz de liberarlos de sus limitaciones. Las palabras de Goliat los mantenían cautivos y paralizados.

David estaba listo. Sabía que Goliat no podía hacer frente al reino que él representaba.

Antes de salir a enfrentar al gigante, a David le ofrecieron la armadura de Saúl, lo cual representaba lo más avanzado en tecnología para la guerra. Era considerada su única posibilidad de sobrevivir. La probabilidad de que derrotara a Goliat era mínima, pero utilizar la armadura de Saúl le daba alguna posibilidad más.

Sin embargo, David se sacudió las trampas tradicionales de lo que se suponía le podía dar la victoria. Él sabía que representaba un reino distinto, uno donde el recurso más valioso era él mismo. Y, a su debido tiempo, una simple piedra lanzada desde una honda mató a Goliat, liberando a Israel de manos de los filisteos.

LA PROMESA DEL CIELO

Saúl comenzó a notar que este joven no era uno más en su equipo de alabanza. Había algo más aquí. Se sintió intrigado por él y lo nombró su escudero. Luego, lo puso a cargo de algunos proyectos más grandes y, finalmente, al frente del ejército en batallas importantes. David fue capaz de responder en todos los niveles, en cada etapa, a medida que sus responsabilidades y su exposición pública crecían.

Llegó el momento en que la gente comenzó a sentir y ver que "este David" era, efectivamente, mejor que su propio rey.

Es cierto que Saúl derrotó a mil, ¡pero David derrotó a más de diez mil!

Y así nació la canción. Una canción que acabó dividiendo el reino en dos. El conflicto en que nos encontramos hoy es un eco de esa canción. La guerra entre la casa de Saúl y la casa de David.

Para David, permanecer en la casa de Saúl era una garantía de muerte. Debía huir, lo cual lo impulsó a la siguiente fase en su preparación para ser rey de Israel.

David tuvo varias oportunidades para matar a Saúl y tomar su trono antes de tiempo. Sin embargo, la fortaleza de su carácter le impidió hacerlo. En cambio, comenzó a juntarse con otros que se habían encontrado del mismo lado del conflicto, otros que no encajaban y que también estaban huyendo de Saúl.

Comenzaron una "iglesia" en la cueva de Adulam. Un lugar que fue creciendo a medida que se añadía gente, entre ellos hombres valientes que llegaron a ser capitanes del ejército. Vinieron a ayudar a David hasta que llegó a formar un gran ejército, como el ejército de Dios.

La casa de David se fortalecía a la vez que la casa de Saúl se debilitaba, al punto de que Judá comenzó a reconocer lo que Dios estaba haciendo a través de David. Judá decidió ungir a David como rey. Pero no fue hasta que Saúl cayó sobre su propia espada en la batalla contra los filisteos que la totalidad de Israel reconoció a David como el rey verdadero.

David fue preparado, no en solo siete días, sino a lo largo de toda una vida, para llegar a ser el hombre adecuado para la posición, un hombre conforme al corazón de Dios.

Este reino que Dios nos promete no se manifiesta de la noche a la mañana. Llega a partir de un recorrido de preparación que nos califica y nos moldea para ser los hombres y mujeres conforme al corazón de Dios que el reino necesita. Tal vez puedas ver estas distintas etapas por las cuales pasó David e identificar dónde te encuentras tú en este recorrido.

El camino hacia el reinado no es glamoroso. Muchas veces es duro. Pero anímate, al final vale la pena. El reino de Dios, finalmente, trae justicia, paz y gozo a quienes entran en él.

Mantente firme y aférrate a la promesa de Dios. Él nos quiere dar un reino que nos permita manifestarnos como reyes. Reyes que puedan administrar Su reino en la tierra, así como lo es en el cielo.

UN VIAJE HACIA LO DESCONOCIDO

Puede que, mientras leías este libro, te hayas preguntado: *¿Qué quiere decir todo esto en términos prácticos?* Yo lo entiendo. Tenemos la tendencia a querer "completar los espacios en blanco" y esperamos "una fórmula" para definir la "nueva normalidad".

Pero lo cierto es que estamos yendo a un lugar donde nadie ha ido antes. No existe un punto de referencia que nos pueda facilitar el viaje a Jerusalén.

En cierta forma, nuestro viaje se parece al del pueblo de Dios la noche que escapó de Egipto. Después de seguir minuciosamente las instrucciones de Moisés, su líder, finalmente salieron del lugar de su limitación en medio de la noche. Estaba absolutamente oscuro. No podían ver nada.

¿No es interesante que el tiempo de su liberación fue durante la hora más oscura del día?

No podían ver a dónde iban. Tenían que tener fe y rendirse totalmente a lo que creían que Dios les estaba indicando que debían hacer. Pero con cada paso que daban, el sol salía un poco más hasta que se encontraron caminando a plena luz del día.

Así como los israelitas, estamos dejando nuestro status quo en medio de la noche. No podemos, realmente, ver hacia dónde vamos. Sólo sabemos que no podemos quedarnos donde hemos estado. A riesgo de perdernos, avanzamos hacia lo desconocido, mientras la luz comienza a brillar un poco más a cada paso que damos.

Cuando hablamos de Jerusalén y este reino por el cual estamos creyendo, simplemente no sabemos cómo se verá. Nadie ha ido antes que nosotros. Somos nosotros quienes estamos clamando en el desierto. Quienes vamos a convertir territorio aún no explorado en la ciudad de Dios.

Sin embargo, será necesario tener fe. Tendremos que entregarlo todo.

Dios ya tiene una idea fija. Él quiere darnos un reino. Un reino que se extenderá por la faz de la tierra. No hay nada que pueda detener su plan. Su Palabra no volverá vacía.

En Mateo 21:44, Jesús dice con respecto al reino de Dios:

> Y el que cayere sobre esta piedra será quebrantado; y sobre quien ella cayere, le desmenuzará.

ENTRENANDO PARA REINAR 167

El reino de Dios avanzará. Quebrantará a quienes estén dispuestos a emprender el viaje o acabará desmenuzando a quienes escojan aferrarse al pasado.

La opción es tuya. ¡De cualquier forma dolerá! Sin embargo, la recompensa será increíble.

Este viaje no es para los débiles de corazón. No será fácil. Tendrá un gran costo para quienes decidan migrar hacia Jerusalén. En el camino habrá muchas preguntas. El temor a lo desconocido intentará paralizarnos.

Sentiremos temor e inseguridad. Aun David se sintió inseguro en su trayecto hacia el reinado. En la superficie parecía ser "el líder confiado", sin embargo, estaba lleno de dudas y falta de certeza.

Sí, había sido ungido por Samuel. Sí, había derrotado al león, al oso y a Goliat. Incluso Jonatán, el hijo de Saúl, había visto que David estaba destinado a reinar sobre Israel. Sin embargo, ni siquiera cuando ya había sido reconocido por Judá e Israel como rey, había terminado de resolver su inseguridad.

No fue hasta que Hiram, rey de Tiro, envió mensajeros a David, que su inseguridad fue resuelta.

En 1 Crónicas 14:1-2 leemos:

> *Hiram rey de Tiro envió a David embajadores, y madera de cedro, y albañiles y carpinteros, para que le edificasen una casa. Y entendió David que Jehová lo había confirmado como rey sobre Israel, y que había exaltado su reino sobre su pueblo Israel.*

No fue hasta que otro rey envió mensajeros, recursos y expertos para construir una casa, que finalmente "supo" David que era rey. A pesar de sus victorias, seguía luchando para aceptar su identidad como rey.

Nos encontraremos con incertidumbre y ambigüedad por delante. Ninguna persona tiene la respuesta a todas las preguntas. La era del gladiador solitario ha pasado. Siloé ya no será la sede del gobierno. Jerusalén proporcionará un ambiente en el que el cuerpo de Cristo pueda congregarse y definir, colectivamente, cómo será el futuro.

En el camino a Jerusalén, nos conectaremos con quienes han decidido emprender el mismo viaje. Cada uno tendrá una pieza del rompecabezas. Malaquías 3:16 pinta un cuadro de cómo puede ser:

> *Entonces los que temían a Jehová hablaron cada uno a su compañero; y Jehová escuchó y oyó, y fue escrito libro de memoria delante de él para los que temen a Jehová, y para los que piensan en su nombre.*

El Señor nos escuchará mientras tratamos de descifrar el futuro. Él proveerá la revelación en el camino para que comencemos a documentar la "nueva normalidad" y escribir un libro que sirva como punto de referencia para el futuro. Habrá preguntas, pero juntos encontraremos las respuestas. No nos apresuremos a llenar los espacios vacíos. Hablemos "los unos con los otros" antes de determinar cómo se verá el futuro.

No está claro todavía. Pero hay algo seguro: será brillante y será mejor.

¡Vamos juntos hacia el futuro! ¡Hagamos el cambio!

www.ingramcontent.com/pod-product-compliance
Lightning Source LLC
Chambersburg PA
CBHW070542090426
42735CB00013B/3049